සිංහල විමසුම

ජාතික, ආගමික, සංස්කෘතික, දේශපාලනය හා
බැඳුනු මිත්‍යා මත පිළිබඳ විමසුම

සිංහල විමසුම

ජාතිය, ආගම, සංස්කෘතිය, දේශපාලනය හා බැඳුනු මිත්‍යා මත පිළිබඳ විමසුම

ඕ. ඩබ්ලිව්. පාලිත ආර්යරත්න
ප්‍රචාරක ලේකම්
ජාතික බෞද්ධ බලවේගය

කතෘගේ වෙනත් කෘතීන්

- බුද්ධ ශාසනයට ඇති නව අභියෝග (පර්යේෂණ ග්‍රන්ථයකි)
- හෙළය වනසන අදිසි බලවේග (පර්යේෂණ ග්‍රන්ථයකි)
- උගත් පාඩම් හා ප්‍රතිසන්ධාන කොමිෂන් සභා වාර්තාව (අවසන් කොටස) සඳහා සිහළ බොදු පිළිතුරක්
- Butterfly Eyes (Poetry)

සිහළ විමසුම

© ඕ. ඩබ්ලිව්. පාලිත ආරියරත්න

පළමුවන මුද්‍රණය
2013 අප්‍රේල්
කර්තෘ ප්‍රකාශණයකි.

ISBN: 978-955-50683-3-8

පිටවැස්ම
සුනිල් ශාන්ත තඹවිට

විශේෂ ස්තූතිය

පූජ්‍ය මාවිල්මඩ ධම්මපාල හිමි
කර්නල් චන්ද්‍රසේන
ලුතිනල් කර්නල් විජේසුන්දර මුදලිගේ අශෝක අලස්
මේජර් ඩබ්ලිව්. කේ. කේ. නාලක විජේසිංහ
ආචාර්ය මහදිසාවේ බණ්ඩාර ඇටිපොල
ඩී. එස්. එම්. මුදියන්සේ
කේ. ඩී. සුරේෂ් සංජීව
කුසුම් බණ්ඩාර අලහකෝන්
එස්. කේ. ඩබ්ලිව්. බණ්ඩාර
කේසව කුමාර ගොඩහේවා
එන් රත්නායක
එස්. සංජීව ජයවීර
ඒ. දිසානායක
මයුරි දර්ශනී ආරියරත්න
පාලිත ජයමාල්
උදයංගනී පුෂ්පා අබේසිංහ
පී. සකුන්තලා කුමාරි
ධනුෂ්ක නානායක්කාර
ප්‍රියන්ත සංජය රණතුංග
සංජය සපරමාදු
ඉන්දික ප්‍රේමරත්න

පූජාව සහ පිදුම

පළමුව තුන්ලෝකාග්‍ර වූ ශාක්‍ය මුනීන්ද්‍ර සිද්ධාර්ථ ගෞතම
සම්මා සම්බුදුරජාණන් වහන්සේටත්

දෙවනුව සම්බුද්ධ ශාසනය චිරාත් කාලයක් පරපුරෙන් පරපුරට
ආරක්ෂා කොට පවත්වාගෙන යන
ජාතියේ මුර දේවතාවුන් වහන්සේලා වන සියළුම
මහා සංඝරත්නයටත්

තෙවනුව මා උපන් දේශයටත්

සිව්වනුව අතීත, වර්තමාන, අනාගත යන
තුන් කාලත්‍රයේදීම ඇති වන පර සතුරු උවදුරු වලින් අප රැකගත්
විරුවන්ටත්

පස්වනුව දුටු නොදුටු මිතුරන්ටත්,
නැගණියටත්
ගෙදර බුදුන් වන අම්මා තාත්තාට
මෙම පොත පිළිගන්වමි.

හැඳින්වීම

මීට ප්‍රථමයෙන් "හෙළය වනසන අදිසි බලවේග" යන මැයෙන් කාලීන ග්‍රන්ථයක් ලියා තැබූ පාලිත ආරියරත්න මහතා නැවතත් වර්තමානයේ ඇති වී තිබේන සමාජ ගත තත්වයන් මැන බැලීමට හා එහි වැරැද්ද නිවැරැද්ද පෙන්වා දීමට "සිහළ විමසුම" යන මැයෙන් ග්‍රන්ථයක් රචනා කිරීම මහඟු කාර්‍ය්‍යයක් මෙන්ම හෙළ බිමෙහි වාසය කරන සෑම මිනිසෙකුම ලබන ලද භාග්‍යයක් ද වේ. සම්මා සම්බුදුරජාණන් වහන්සේ හද පත්ලෙන්ම සරණ යන ලොව එකම ජාතිය අප වන අතර බුදු දහමේ අනුහසින් අප ගොඩනගා ගත් නැණවත් ගුණවත් සමාජය යහපත් සාර ධර්මයන්ගෙන් එකරාශි වී ඇත. එවන් වූ සමාජයක් වෙත පැමිණි විදෙස් ජනයා පිළිගත්තේ දෑත් එක්කොට 'ආයුබෝවන්' (ආයුෂ බොහෝ වේවා) යන ශ්‍රේෂ්ඨ වූ ආමන්ත්‍රණය යොදා ගනිමින්ය. කල්‍යාණ මිත්‍ර වූ අප අභිනව ජාතීන් හට භව භෝග සම්පත් බෙදා දී අප සැවෝම නිරාමිෂ සුවයක් වින්දේය. නමුත් මෑත කාලීනව ඇති වූ විවිධ සාමාජික, ආගමික, ජාතික, සංස්කෘතික, මිත්‍යා මත නිසා එකිනෙකා අතර ප්‍රශ්න රාශියක් අනවශ්‍යයෙන් ඇති කර ගත්තේය. සභ්‍යත්වය බිඳ වැටී අසභ්‍යත්වය නැගී සිටියේය. මිතුරුකම බිඳ වැටී සතුරු කම නැගී සිටියේය. මේ සියළු කරුණු කාරණා වලට හේතු භූත වූයේ වහල් මානසිකත්වයකින් යුතු දේශපාලනික සංස්කෘතියක් අප රට තුල ගොඩනගා ගැනීමෙන් හා බල ලෝභයෙන් අන්ධ වූ අප සත්‍ය අසත්‍ය අතර වෙනස නොහඳුනා ගැනීමෙනි.

අපේ කම, අපේ දේ, අගයන දැහැමි සමාජයක් කරා අප සියල්ලෝම යොමු වුනහොත් වර්තමානයේ ඇති ප්‍රශ්ණ රාශියකට සැබෑ පිළිතුර සොයා ගත හැකි වේ. එබැවින් අංශු මාත්‍රයක් හෝ අප රට තුල වැපිරී ඇති මිත්‍යාවන් පිළිබඳ රචනා වී ඇති "සිහළ විමසුම" නම් මෙම ග්‍රන්ථය පරිශීලනය කොට සැබෑ යථාර්තයේ තතු බෞද්ධ, අබෞද්ධ කා හටත් මනා සේ දැනගත හැකිය.

අපගේ මාතෘ භූමිය වසා යන මිත්‍යා මත කවරේදැයි හඳුන්වා දීමට කාලය කැප කිරීම උතුම් කටයුත්තකි. එවන් කාර්‍ය්‍යයක නියැලෙන පාලිත ආරියරත්න මහතාට ශ්‍රී සෙංඛණ්ඩ පුර විරාජමානව වැඩ හිඳින උත්තම වාම ශ්‍රී දළදා හාමුදුරුවන්ගේ ආශිර්වාදයත් විජය ශ්‍රී ජය ශ්‍රී මහා බෝ හාමුදුරුවන්ගේ ආශිර්වාදයත් ස්වර්ණමාලි මහා සෑ ගර්භයේ ද්‍රෝණයක් පමණ වූ සර්‍වඥ ධාතුන් වහන්සේලාගේ අනන්ත ආශිර්වාදයත් දෙවියන්ගේ දේව රැකවරණයත් ලැබේවායිද තවද රත්නත්‍රයේ අනන්ත වූ සුවිසි ගුණ බලයේ ආශිර්වාදය හා ආරක්ෂාවත් ලැබේවායි මා ප්‍රාර්ථනා කරමි.

ජාතික ශාසනික සේවයට කැප වී සිටින,

කැළියල්පිටිය පුරාණ විහාරාධිපති, මල්වතු මහා විහාරවාසී
හා අම්පිටිය දළුග්ගොල්ල රජමහා විහාරවාසී,
කර්මාචාර්ය, සමථකාර, අති පූජ්‍ය
ඇතිපොල බුද්ධ රක්ඛිතාභිධාන ස්වාමීන්ද්‍රයන් වහන්සේ
මල්වතු මහා විහාරය,
මහනුවර.

ද්විතීය හැඳින්වීම

"සිහළ විමසුම" යන මැයෙන් කාලීනව රචනා වී ඇති ග්‍රන්ථය සඳහා පෙරවදනක් ලබා ගැනීම පිණිස මා අතට පත් කිරීම පිළිබඳව පාලිත ආරියරත්න පිංවත්ත පුතණුවන්ට ප්‍රථමයෙන්ම පුණ්‍යානුමෝදනා කරමි. ජාතික, ආගමික, සංස්කෘතික, දේශපාලනික වශයෙන් අභිනවයෙන් අප රට තුල ඇති වී තිබෙන මිත්‍යා දෘශ්ඨික මත ගැන හා අප නොදැනුවත්වම අනතුරකට භාජනය විය හැකි ආකාරය මෙම ග්‍රන්ථයෙන් හඳුන්වා දී ඇත. අන්තවාදීන්ගේ අවිය සහ සවිය කවරේදැයි ද මනාව ඔප්පු කොට ඇත.

ආගමික, ජාතික, සංස්කෘතික, දේශපාලනික, වශයෙන් අන්ධ වූ මිනිසාගේ ඇස් පහදා දීමට තම කාලය, ශ්‍රමය, ධනය කොයි කවුරුන් හෝ කැප කරමින් සිටි නම් එය ඉතා අගනා වූ මිනිස් ගුණාංගයකි. ජාතීන් අතර තිබිය යුතු සැබෑම සබැඳියාව නම් ඔවුන්ගේ ජාතික, ආගමික අයිතීන් ආරක්ෂා කරමින් තම දිවි පැවැත්ම සිදු කිරීමයි. රටකට ඇතුල් වී එහි ඇති මහා සංස්කෘතීන්, උරුමදම් ක්‍රමක් ක්‍රමයෙන් අතුගා දැමීමට උත්සහ කිරීමෙන් වර්තමානයේ අප සමාජයෙත් මින් පිටත සමජයන්හිද ප්‍රශ්ණ රාශියක් උත්ගත වී ඇත.

කාරුණික වූ සිංහල බෞද්ධයාගේ චිත්ත වේග, මනෝ බල දැකීමෙන් හා ඔහුන් විසින් දැනට ඇති වී තිබෙන සමාජ ගත ප්‍රශ්ණ විසඳීමට ගන්නා අවංක උත්සහයන් දැකීමෙන්, අන්තවාදී හෝ පරාදීන මානසිකත්වයක් අප රට තුල ගොඩනැගීමට දරණ කණ්ඩායම් වල ක්‍රියාකාරීන් හට මර උණක් ගැන්වීමටද සමත්ය.

සත්‍ය අසත්‍ය අතර ගැටීම ලොව සැම කල් හිම පවතින සත්‍යයකි. නමුත් ඉර, හඳ, සත්‍යය යන තුන් කාරණයම සදා කල් හිම වළලා දැමිය නොහැකිය. අප සම්මා සම්බුද්ධ වූ ලොව්තුරා ගෞතම බුදුරජාණන් වහන්සේ අප ගැන අනුකම්පාවෙන් යුතුව මේ දුෂ්කර වූ භව චක්‍රය හා ඉන් මිදීමට ගත යුතු මාර්ගයද පෙන්වා දුන්නේය. ගහට පොත්ත සේ බුදු දහමේ අනුහසින් සාරවත් වූ අප සංස්කෘතිය, අප පෞඩත්වය (පෙර බුදුවරුන්ගේ දවසේ සිට) හා දේශය රැක ගැනීමට මෙය කාලයයි.

ඔබ, සිංහලයට පහළ වුණු අගනා පුත්‍රරත්නයකි. පින්වත් පාලිත ආරියරත්න පුතණුවන්ට ඥාණ ශක්තිය වර්ධනය වේවා..! ඔබට කාය බල, මනෝ බල, චිත්ත බල වඩාත් වර්ධනය වේවා..! ඔබට රත්නත්‍රයේ පිහිට හා ආශිර්වාදය ලැබේවායි ඉතසිතින් ප්‍රර්ථනා කරමි.

මා සසුන දියුණුවට ලැදි,

මොළගොඩ ගොතමි මෙහෙණින් වහන්සේ
ප්‍රධාන කම්මට්ඨානාචාරිනි
ගෝතමීරාමය,
කුණ්ඩසාලය.

පෙරවදන

දේශපාලනය, සාමය, සර්වාගමික සමුළුව, සංහැදියාව, යෞවනය, තාරුණ්‍ය, කොමිසම, පුනුරුත්තාපනය, අවබෝධය, එකමුතුව, සහෝදරත්වය, සංවර්ධනය, ජාත්‍යන්තර සබඳතා, විදේශ ගමන්, දේශපාලන පක්ෂ, සතුට, සෞභාග්‍ය, සර්ව සාධාරණය, සර්ව බලධාරී, සමිදාණෝ, දෙවියන්, ආදම්, හේවා, දුප්පත්කම, මානව දායාව, ජනවාර්ගික ගැටළු, ජාත්‍යන්තර එකමුතුව, අන්තර්ජාතිකය, එක්සත් සංවිධාන, මානව හිමිකම්, ඩයස්පොරාව, ජාතිය, සාදාචාරය, සම්පත්, බලය බේදාගැනීම, දයාව, කරුණාව, අනුකම්පාව යන මුවාවෙන් පවත්වන විවිධ වැඩසටහන් පාඨක ඔබහට නිතර ඇසගැටෙන බව සක්සුදක් සේ පැහැදිලිය.

ක්‍රිස්තියානි හා කතෝලික අන්තවාදයෙන් තම දේශයන් හා ආගම් බේරා ගැනීමට වෙරදරන රටවල් සහ පැතිරී යන ඉස්ලාමීය අන්තවාදයෙන් (අරාබි කරයද ඉස්ලාමීය අන්තවාදයට ගොදුරු වී ගෙන යයි.) තම රටවල් බේරා ගැනීමට වෙර දරන යුරෝපය ගැනද ඔබ හොඳින් දනී. මෙම අන්තවාද දෙකටම අමතරව තවත් අන්තවාද දෙකක් අප රට තුල තිබේ. ඒ කොටි නඩය විසින් පතුරන දෙමළ ජාතිවාදය ඔස්සේ තාමත් උඩු දුවන දමිළ අන්ත වාදයත් එම අන්ත වාදයට පහර දීම දැකීම ඉවසා ගත නොහැකි. සමහර දේශපාලන පක්ෂ හා එන්.ජී.ඕ නඩ හා විවිධ කණ්ඩායම් සකස් කර ගත් ,"ලොල් වාදය" හෙවත් "ලොල් අන්තවාදයි". ලොල් අන්තවාදයේ ප්‍රධාන තේමාව නම් විජාතික නොරටුන්ගේ අයිතිවාසිකම් (රට විනාශ කිරීම වුවද) සහ වෙනත් රාජ්‍යයන් අප රට තුල බිහි කිරීමට උඩගෙඩි ඇල්ලීමයි. මෙම ලොල් අන්තවාදීන් තම කුමන්ත්‍රණ දියත් කරන්නේ මානව හිමිකම් දඩමීමා කරගෙනය.

ඊලාම් ත්‍රස්තවාදී ක්‍රියාවලිය පිටුපස සැඟවී සිටියේ කුමන ආගමික අන්තවාදයද?. ඇමරිකාව හා යුරෝපය වැඩියෙන්ම අදහන ආගම කුමක්ද?. යුරෝපය ඇතුළුව වෙනත් රටවල් වල සිටින ජාති හිතෛෂීන් මර්ධනය කිරීමද විශේෂයෙන්ම ථෙරවාදී බුදු දහම නියමාකාරයෙන් පවතින අපරට තුල දේව රාජ්‍යයක් බිහි කරගැනීමට දිනපතා දඟලන්නේ, නළියන්නේ කවුද?.

"අති උතුම් පියාණෙනි, ඔබට සතුටු වන්නට සුභාරංචියක් දන්වා එවමි. නව ජාතීන් වෙත දෙවියන් වහන්සේගේ සුභාරංචිය ගෙන යාමේ සුපුවත ඔබට ඉතා සතුටින් දැනුම් දෙමි. අපේ පෙරදිග නායකයා තම දූ පුතුන් සමඟ අපේ සතුරන් වන මුස්ලිම් වෙළෙඳුන් පරදා ඉතා වැදගත් දූපතකට ඇතුල්වී තිබේ. එහි උප රජුන් හයක් සිටින අතර ප්‍රධාන රජකුද සිටී."

පෘතුගාලය රජු එදා මෙරට පැමිණි තම ජාතිය
පිළිබඳ වාර්ථාවකින් රෝමයේ සිටි ජුලියස් පාප්තුමා
වෙත යැවූ සන්දේශයකි.
(1506 පෘතුගාලය)

සිහළ අප විසින්ම ගොඩ නගා ගත් අනාරක්ෂිත බව නිසා ගංගොඩවිල සෝම හිමි, පිංවත්තේ දේවා නන්ද හිමි, කොට්කාවත්තේ සද්ධාතිස්ස හිමි, කොටගම වාචිස්සර හිමි, තිරාණගම රතනසාර හිමි, රත්මලානේ සීලවංශ හිමි, පානදුරේ අරියධම්ම හිමි වැනි ශ්‍රේෂ්ඨ සංඝ පීතෘ වරයන් වහන්සේලා මිසදුටු බලවේග මඟින් අපවත් කර තිබේ. තවද අධිරාජ්‍යවාදී සමයන් වලදී මෙසේ කොතෙකුත් ධර්මදර විනයදර භික්ෂූන් වහන්සේලා අපවත් කිරීමට මිසදුටුවන් ක්‍රියා කර ඇත්ද? එය දහස් ගණනක් විය හැක. අප අහිංසක දුවා දරුවන් අප ජාතික වීර වරයන් කොපමනගේ ජීවිත අද වෙන විට මෙම මිස දුටු බලවේග මඟින් ගිල ගත්තේද? එය සංඛ්‍යා ලේඛණාත්මකව දැක්විමට නොහැකි තරම් විශාල විය හැක. පසුගිය යුද්ධයටද කොපමණා ජිවිත ගණනක් බිලිගත්තේද?

ඩෙස්මන්ඩ් ටුටු අගරද ගුරුගෙන් පටන් ගත් විට එමා මැනුවෙල්, ගැස්පර් රාජ් යන පූජකයන්ද බෙල්ජියානු ජාතික ප්‍රැන්කොයින් හව්ටාට් පූජකයාද කලේ තම දේව අන්තවාදය ඔස්සේ අප රටට විරුද්ධව කොටි බලගැන්විමයි.ඉතා සියුම්ව නිරීක්ෂණය කළ විට මෙම අන්තවාදීන් පිටුපස සැඟවී තිබු තවත් බලවේගයක් වුයේ ඉහත කී "ලොල්" අන්තවාදයයි.

"එන්.ජී.ඕ සහ අන්තවාදි ආගමික සංවිධාන
ත්‍රස්තවාදින්ට උදව් කරනවා"

(නිකෝලායි පත්රුෂෙව් රුසියානු බුද්ධි අංශ නායක)

එදා කොටි න්‍යායාචාර්යය ඇන්ටන් බාලසිංහම් මෙසේ අප හට තර්ජනය කලේය.

"සිංහලුන්ට තේරෙන්නේ එකම භාෂාවයි. ඒ භාෂාව කුමක්ද?. හොදට පහර වැදුනම ඔවුන්ට තේරෙනවා. කොටි සංවිධානය ඒ බව දන්නවා. අපට සිංහලුන්ට බැගෑපත් වීමට ඕනෑකමක් නැහැ , අද මහින්ද රාජපක්ෂ සමඟ කවුද ඉන්නේ?. හිස මුඩු කරගත් කහපැහැති රෙදි ඇදගත් භික්ෂූන් සහ ජේ.වී.පී. කල්ලියයි, හැබැයි ඔහුට ප්‍රභාකරන් සමඟ සාකච්ඡා කරන්න ඕනනම් වීසා බලපත්‍රයක් ලබා ගෙන වන්නියට පැමිණිය යුතුය."

ඉදිරියේදී නොයෙකුත් වේශයෙන්, නොයෙකුත් කුමන්ත්‍රණ අප රට තුල ක්‍රියාත්මක විය හැක. එම සියළු දෙහිම මූලික අන්තර්ගතය වන්නේ සිංහලයා හා බුදු සසුන නැසීමයි. අධ්‍යාත්මිකව බැලු විට මෙය කළ නොහැක්කකි. නමුත් මා මුලින්ම ලියා තැබූ ඡේදයට අයත් වචන ඔස්සේ අභිනවයෙන් ඉතා සියුම්ව ක්‍රියාත්මක වන අප රැවටීමෙන් හා අප ජාතීය, ආගම, සංස්කෘතිය ගැන තිබෙන සංවේදී භාවය අඩු කිරීමෙන් අප වෙතින් උදුරා ගැනීමට යන සභ්‍යත්වය, සදාචාරය, උරුමය හා වැනසීමට යන බුදු දහම රැක ගනිමු. අඳුරු ආගාධ මානසිකයන් සහිත සංස්කෘතින් දහම් නිබඳවම අප ප්‍රතික්ෂේප කරමු.

සතුරා ඔබ දෙස බලා සිටී...

රට දැය සමය වෙනුවෙන් ,
ඕ. ඩබ්ලිව්. පාලිත ආරියරත්න
ප්‍රචාරක ලේකම්,
ජාතික බෞද්ධ බලවේගය.

පටුන

වෙනත් රටක් ඇල්ලීමට ගොස් සර්ව සාධාරණ මරණ අපේක්ෂා කිරීම අනුවණකමකි

- සිංහලයන් මර නින්දේය. ආගමික ගුණ්ඩුව වෙනුවට සර්වාගමික ගුණ්ඩුව (ශ්‍රී ලංකන් ගුණ්ඩුව) මෙරට රජයමින් තිබේ.

- යුද්ධයෙන් පසු සැබෑ සාමය ඇතිවුණි . එහෙත් ඒ ජීවිත පූජාවෙන් දිනාගත් සාමය පසෙකලා සර්වාගමික සාම යුද්ධයක් ඇති කොට 'සාමය මුවාවෙන් ' යන තේමාව යටතේ උඩුදුවන සාම පිස්සුව කවදා කොතනකින් ඉවරවේදෝ දැයි අපි නොදනිමු.

- යුරෝපා දේශයේ නටන බාල් එම ආකාරයෙන්ම නැටීමට අප සමත් ය. දිනපතා විකාශනය වෙන රූපවාහිනී වැඩසටහන් නැරඹීමෙන් ද දැනගත හැකිය.

- හිමින් සීරුවෙන් ටිකෙන් ටික සිංහල බෞද්ධයන් අසරණ කිරීමට විවිධ කොමිෂන් සභා ඇතිකර තිබේ.

- රටට ආගන්තුකව ආ පිරිස් වෙත වැඩි සහනද සිංහල අපිට අසහන ද ඉදිරියේදී ඇතිවන අන්දමින් බලපෑ හැකි නිර්දේශ රාශියක් කොමිසම් වල ඇත.

- කොමිසම් නිරිදේශ ක්‍රියාත්මක නොවුණොත් යුරෝපය හා ඇමෙරිකාව තවත් පැටලිල්ලක් අප හා සාදා ගැනීමට තරම් ඇති උවමනාවක් ඇතිවීම කෙරෙහි අප විචක්ෂනව බැලිය යුතුය.

- ආගමික හෝ අන්තර් ජාතික වාසියක් නොමැතිව යුරෝපා රටවල් හෝ ඇමෙරිකාව නිකරුනේ කිසිවකටත් පැටලීමට කාලය ගත නොකරන බව සිංහල අප දැනගත යුතුය.

- බටහිරයන්ට ආදායම වැඩිකර ගැනීමට හෝ දේව රාජ්‍ය පැතිරවීමේ නිරන්තන ආශාවක් ඇති බව ලොව වෙනත් රාජ්‍යයන් කෙරෙහි දෛනිකව සිදුකරන අලුගෝසුකම් වලින් වුවද විමසා බලාගත හැකිය.

දැන් මාතෘකාව දෙස බලමු. විවිධ කොමිසම් සභා වාර්තා අප රට තුළ ලේඛන ගතවී ඇත. රට තුලට ආ ආගන්තුකයක් වැඩි පිරිසකට මෙම ලේඛන ඉතාමත් අගනේය. නමුත් සිංහල අපට නම් කොමිසම් යනු යුද්ධයට පසු කැලේ හිටිය නයින් ටිකක් මල්ලේ දාගැනීමට උත්සහ කිරීමක් බඳුය. මීට ප්‍රධානම හේතුව වනුයේ හොරාගේ අම්මාගෙන් පේන ඇසීම නොකළ යුතු කාර්‍යයක් නිසාය. මහා අවීර, මහා වෛර වේලුපිල්ලේ මිය ගියේය. නමුත් දැන් ගෑණු පිල්ලෙලා,නවනීදන් පිල්ලේගේ හා බෑන් කි මූන්ගේ හා දරුස්මාන්ගේ කණ්ඩායම උඩු බුරති. විටෙක උගත් පාඩම් කොමිෂම හොඳය කියා ද තවත් විටක මදිය කියා ද කියති. (හොරාගේ අම්මාගේ හැටි එසේය.) අවියෙන් බෝම්බයෙන් දිනා ගත නොහැකි වූ අප රට කොමිෂමෙන් පොත පතින් ලියාගැනීමට වෙර දරති. වේලුපිල්ලෙලා, මහා අවීරලා, මහා වෛරලා මගින් ඝාතනය කල නොහැකි වුණු සිංහලය බටහිර ගුණ්ඩු මගින් නැවතත් ග්‍රහණය කිරීමට හොරාගේ අම්මලා, අප්පුච්චිලා කල්යල් බලති. (බටහිර රටවල්) මේවාට කත් අදින ශ්‍රී ලංකන් ගොන්නු ද රාශියක් අප රට තුළ සිටිති. (කළු සුද්දෝ) එය අප ජාතියක් වශයෙන් කණගාටු වීමට කාරණයක් බව දන්වා සිටිමු.

සිංහල අප දන්නා කාරණය නම් විජාතීන්ට අනවශ්‍ය සහන ලබාදීම තුළින් මුළු සිංහලයම බරපතල අකරතැබ්බයකට මුහුණ දී ඇතිබවය.

ආගන්තුක නමුත් තම දරුවන් වැනියි කියා ආගන්තුක ළමුන් පිරිසකට පැණිරස කැවීමට තිබූ මහා ජාතියේ පියාගේ දෛනික කැමැත්ත වටහා ගත් පොඩි ළමුන් රෑන කපටිකම් මවාගෙන ටිකෙන් ටික පියාගේ මුදල් පසුම්බිය ද උදුරාගෙන පියාගේ ඉඩම ද අල්ලාගෙන පොලු මුගුරුවලින් පහරදී තම කරුණික මහජාතික පියාණන් මැරීමට නොහැකි කල්හි බැණ වැදි, ලයගිනි අවුළුවා, අත් බෝම්බයෙන් ද, ගිනි අවියෙන් ද ඔහුව ඝාතනය කිරීම සර්ව සාධාරණද? මෙසේ තම ජාතියේ කාරුණික පියෙකු විජාතික දරුවන් අතින් ඝාතනය වෙද්දී, පලවා හරිද්දී එය දුටු අසාධාරණය නොවිසන සටන්කාමී හෝ බලවත් හෝ විරෝධාර පුතුනුවෙකු මහා ජාතියේ පියාගේ ඉඩම ද, ජීවිතය ද, අකාරුණික සුළු ජාතික දරුවන් අතින් විනාශවෙන ඔහුගේම පන්තියට අයත් දරුවන් (ත්‍රස්තවාදීන් මිනිස් පලිහක් වශයෙන් කොටු කරගෙන සිටි පිරිස්) වැඩිමනක් බේරා ගැනීම හා අවිගෙන සටන් කල ත්‍රස්ත නරුමයන් ලොවින් තුරන් කර හැරීම මානව හිමිකම් කැඩීමක් ද? නැත එය උදාර ක්‍රියාවකි.

බටහිර සිට ක්‍රියාත්මක වන විවිධ අලුගෝසු යාන්ත්‍රණයන් තිබේ. මේවා විවිධ ලියාපදිංචි ලෝක සංවිධාන නාමයන් යටතේ පෙළ ගැසී ඇති බව කවුරුත් දැනගත යුතුය. ලිබියාවට, ඉරාකයට සිදුවූ අසාධාරණකම් මානව හිමිකම් කැඩීමක් නොවේද?. සිවිල් වැසියන් සිටින ස්ථානවලට මානුෂික ආධාර ලබාදෙනවා කියා ගුවනින්, දියයටින්, ගොඩබිමෙන් නේටෝව බෝම්බ දැමීම සාධාරණද?.

තම රටේ බල සීමාවෙන් පිටත ගොස් අල්ලපු රටවල සිටින රාජ්‍ය නායකින් මරා දැමීම නේටෝවට සාධාරණනම් තම රටේම සිටින ලොව ප්‍රබලම ත්‍රස්ත නායකයා මරාදැමීම සිංහල අපට කල හැකි සර්ව සාධාරණ ක්‍රියාවකි. එබැවින් චැනල් හතර වැනි (Channel 4) හතරබීරී කථා ගොතන, ගොන් කථා ලියන, හදන දේ අප පසෙකලා හැරිය යුතුය. ඒ වාගේම මේවා සම්බන්ධයෙන් ක්‍රියාකරන පුද්ගලයන් , මේවාට තොරතුරු සපයන පුද්ගලයන් කවුරුදැයි විමසා බලා අත් අඩංගුවට ගැනීමට ක්‍රියා කළ යුතුය.

පිරි බාහරන්ගේ පුතා මියගිය බව සත්‍යයක් හෝ අසත්‍යයක් විය හැකිය. ඔහුව ආරක්ෂා කිරීමට වෙනම අවි ගත් ත්‍රස්තයන් කණ්ඩායමක් සිටි බව චැනල් 4 වීඩියෝ නැරඹීමෙන් දැනගත හැකිය. තවද අවි ගත් ත්‍රස්තයන් පිරිසක් ළමා සොල්දාදුවන්ගේ වයසේ ළමයෙකු සමඟ ඉදිරියට එන විට ඉදිරියට යන සොල්දාදුවන් කළ යුත්තේ භාවනා කිරීමද නැතහොත් ඉක්මනින් පහර දී මැඩ පැවැත්වීමද?. කරුමයකට ඔහු මිය ගියේ නම් ඔහු මියගියේ තමාගේම පියා විසින් ඇති කළ යුද්ධයෙන්ය.

කොටියන් විසින් කිලිනොච්චි ගම්මානය තම පාලන භූමියක් වශයෙන් පවත්වා ගත් කාලයේ දෙමළ ළමුන් හට ස්වන්ක්‍රීය අවි ගැන පුහුණුවක් ලබා දීමට පෙර මොහොතක් මෙහි සිටින හමුදාමය ඇඳුම් ඇඳගත් ත්‍රස්තවාදියා අසල සිටින ළමයා ස්වරූපයෙන් මිය ගිය කොටි නායකයාගේ පුතාට සමාන කමක් ඇත.

සමහර විට ත්‍රස්තනායකයාගේ පුතා තම පියා සිංහල දේශය විනාශ කිරීමට හා අල්ලා ගැනීමට තම නිවසේ සිට කථා බහ කළ හැටි හා එම කථා බහා සාධාරණද, අසාධරණද කියා කල්පනා කර තිබීමට ඉඩ තිබේ. තවදුරටත් තම වැඩිමහල් සොහොයුරු කළ කෲර සටන් ගැන වීරත්වයක් ඇති වී තිබෙන්නට ඇත. ඒ වගේම ඔහුගේම වයසේ ළමා ලපටියන් ඝාතනය කරන ඔහුගේ පියා එම කාරණා සම්බන්ධයෙන් ජයපැන් බොන විට ඔහු කණගාටු වුවාද විය හැකිය. (අපි මේවා නොදන්නෙමු.)

ඔහුගේ මිය යාම පමණක් උත්ධෘත කොට සලකන අන්තර්ජාතික හා කොටි ප්‍රජාවගෙන් අසා සිටින්නේ මෙම පිරිභාහරන් නැමති ත්‍රස්තයා විසින් ඝාතනයට ලක් කළ කිරි දරුවන්, පාසල් දරුවන්, දහස් ගණනක් ගැන පවසන්නේ කුමක්ද කියාය. මේවාට විරුද්ධව අපද අප දරුවන් වෙනුවෙන් මානව හිමිකම් නඩු ලෝක උසාවි මට්ටමෙන් කථා කළ යුතු අතර කොටි නඩයට තවමත් උඩගෙඩි අල්ලන දේශපාලන පක්ෂ ක්‍රමාණුකූලව සොයා බලා වග උත්තර කරුවන් බවට පත් කළ යුතුය.එය දේශිය කණ්ඩායමක් වුවද, විදේශීය කණ්ඩායමක් වුවද කම් නැත.

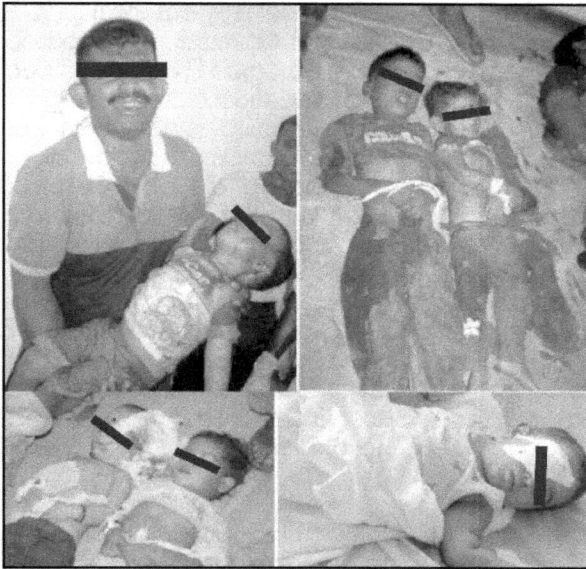

කැබිතිගොල්ලෑව ඝාතනය එල්.ටී.ටී. විසින් කළ ප්‍රහාරයක්
2006 ජූනි 15

එල්.ටී.ටී.ඊ. ය විසින් කළ කැබිතිගොල්ලෑව ඝාතනය නිරීක්ෂණය කිරීමට ගිය
ජනපතිදුන් 15 ජූනි 2006

පිරිබාහරන් ගේ පුතා මියගියේ නම් ඔහු මිය ගියේ යුද්ධ භූමියක සිට ය. එය කොයි ළමයෙකුට වුවද අත්විය හැකි මරණයකි. නමුත් තමන්ගේ මවගේ කිරි උරා බොමින් සිටියදී හෝ පාසලට යන අතරතුරේ දී හෝ තම නිවසේ රාත්‍රියේදී අවි ආයුධ නොමැති අසරණ දෙමව්පිය රැකවරණයේ සිටියදී නොරටුන් විසින් සාදාගත් ත්‍රස්ත කණ්ඩායමක් විසින් ළමයෙකු ඝාතනයට ලක්වීම මහා පොළවද නුහුලන අපරාධයකි. එය දේශමාමක සිංහලයන් නොවිසනා කාරණයක් ද වේ. දැන් යුධ පිටියේ ඇති වුන නිරුවත් කිරීම් දෙස හැරෙමු. නිරුවත බටහිර ජාතීන්ට සාමාන්‍ය දෙයකි. නිරුවතින් සමාජයේ ප්‍රසිද්ධියේ හැසිරීම ඔවුන්ගේ මූලික අයිතියක් වශයෙන් සමහර තැන් හි පිළිගනී. එය එසේ නම් අප හමුදාව (එක එල්ලේ මෙම වීඩියෝ පටයේ තිබෙන දර්ශන අප හමුදාව විසින් කල දේවල් යයි අපහට කිසිසේත්ම පිළිගත නොහැක. ඊට හේතුව වන්නේ අප හමුදාව විනය ගරුක හමුදාවක් වීමය.) කළ මැයෙන් සකස් කළ රූපමය දර්ශන ඇතුළත් වීඩියෝ පටයට ඉතා අගනා අගයක් ලබාදෙන්නේ කුමක් සඳහා ද? එය අප හෑල්ලු කිරීමට ය. නමුත් බටහිර ජාතියක් නොවන අප නිරුවත් කිරීමක් කළානම් එය කිරීමට හේතුවක් විය හැකි කාරණයක් වන්නේ දිනපතා මිනිසුන් මරමින් අනුන්ගේ රටවල් ඇල්ලීමට වෙරදරන ම්ලේච්ඡ පිරිසකට දිය යුතු නියම දඬුවම මරණය වඩා නිරුවත් කොට හංවඩු ගැසීමයි.

සොල්දාදුවෙකු අතින් යුද්ධයේදී සිදුවන කාරණා ආකාරණා යුද්ධ භූමියකදී සිදුවෙන දෙය විෂම සහගත විය හැක. බිල්ලාඩන් ඝාතනය පිටුපස ද ඇමරිකානු සොල්දාදුවන් විසින් කළ නිරුවත් කතන්දර ඇත. ලොවෙන් මෙම කතන්දර සඟවන බටහිරයන් අප හමුදාව විසින් කළා යැයි හඟවන රූප රාමු ඇතුළත් වැඩසටහන් වලට තැන දෙන්නේ ඔවුන්ගේ කුණු වසාගෙන වෙනත් කතාවක් ලෝකය තුළ ඇති කොට ඔවුන් ගැන තිබෙන අවධානය වසා ඔවුන්ගේ හමුදාමය අඩුපාඩු වසාගෙන ලොව වෙනත් විවිධ හමුදා හංවඩු ගැසීමට ය. ඇමෙරිකානු අත්අඩංගුවේ පසුවූ ''අබුගාලි'' හිර කඳවුරැ වල රැඳවියන්ව නිරුවත් කර කල වද හිංසා රාශියක් ඇත. එම දරුණු අපරාධ ද ලෝක මට්ටමේ කවුන්සලයන් වෙත ගෙන ආවේ නැත. මෙයට හේතුව කුමක්ද? කුරුස යුධ සමයන් වලදී කාන්තාවන් කොපමණ පිරිසක් නිරුවත් කොට වද හිංසනයට ලක්කොට මරා දැමීම පල්ලිය විසින් සිදු කළේද? හිට්ලර් ද ඒ දේම ලක්ෂ ගණනින් සිදු කලේය. එල්.ටී.ටී. සාමාජිකයන් ද එසේම අහිංසක ගම් වැසියන්ට සිදු කළේය. එහෙත් ලෝක මට්ටමෙන් ලක්ෂයකට එකක් තරම් ප්‍රමාණයක් නොමැති අප හමුදා සමාජයම අත් වැරදි උලුප්පා දක්වන්නේ මුළු සිංහල ජාතියම ලොව ඉදිරියේ හෑල්ලුවන ආකාරයට.

වෙනත් රටක් ඇල්ලීමට ගොස් සර්ව සාධාරණ මරණ අපේක්ෂා කිරීම මහා අනුවණකමකි. ඊට ප්‍රධානතම හේතුව සොල්දාදුවන් යනු රහතන් වහන්සේලා නොවන අතර පෘථක්ජන මනසකින් ක්‍රියා කරන සෙබළුන් නිසාය.

(ගාම්භීර අවසාන කටයුත්තක් අපේක්ෂා කළානම් එම අවසාන ගරුත්වය ලැබෙන ආකාරයට එදිනෙදා ජීවිතයේ වැඩකළ යුතුය.)

විවිධ පසුබිම් ඔස්සේ විවිධ සභා අස්සේ එන සිංහලය හා එහි ජයග්‍රහණ හා අයිතීන් නැසීමේ කුමන්ත්‍රණ පිටු දකිමු.

කොටි කොටි ඔසවමින් පරයන් පාරේ යති
මානව හිමිකම් අප කැඩුවා යයි උන් කියති
විදේශයන් මෙහි ආ බව අමතක කරති
තුවක්කුවෙන් බෝම්බයෙන් හෙළයන් මරති

කිරි සප්පයෝ උඩ දා හසක් මැරැවෝ
කිරි මච්චරුන්ගේ දරුවන් උඳුරන් මැරුවෝ
මේ ලක් පොළව රුධිරෙන් කඳුලෙන් තෙමුවෝ
මානව හිමිකමෙන් මුන් හැම නිර්දෝෂි කෙරුවෝ

බෑන් කි මුන්, දරුස්මාන් වාර්තාකරුවන් සහ ලෝක ආගමික ත්‍රස්තවාදී කල්ලි

බෑන් කි මුන් හා දරුස්මාන් වාර්තාකරුවන් කියා සිටින්නේ කොටියන් විනය ගරුක හමුදාවක් බව ය. දරුස්මාන්ලාගේ පැත්තෙන් බැලූවිට එය ඇත්තක් බව පළමුවෙන් කියා සිටීමට හැකි ය. ඒ ඇයි කිවහොත් පූජකයන් විසින් හා අන්තර්ජාතික බලවේග මගින් මෙහෙය වූ ලෝකයේ ප්‍රධාන ත්‍රස්තවාදී කල්ලි මෙහෙයවන්නේ ඔවුන්ගේ ආගම මූලික කරගෙන බැවිනි.

එය දරුස්මාන්ලාට මෙන්ම බටහිරයන්ට ද සැපතකි, දෙවියන්ගේ අණ පිළිපැදීමකි. අනුන්ගේ රටවල් කුමන තේමාව යටතේ වුව ඇල්ලීම ඔවුන් හට සාධාරණ ක්‍රියාවකි. තම ආගමේ දෙවියන් කීම අනුව යාමකි. ලන්දේසි, පෘතුගීසි, ඉංග්‍රීසි යන අධිරාජ්‍යවාදීන් ද එසේම එකිනෙකාගේ ආගමික මත මූලික ව සිද්ධාන්ත කොටගෙන ක්‍රියා කලෝය. අප රටේ ද අතීතය දෙස බැලීමෙන් සිංහලයන් අමු අමුවේ මැරූ කපා කොටා දැමූ හිත් පිත් නැති ම්ලේච්ඡ ත්‍රස්තවාදී ක්‍රියා හා සමහර ආක්‍රමණවාදී ක්‍රියා මගින් තවදුරටත් එය ඔප්පු වේ.

හිට්ලර්, මුසොලෝනි හා අනිකුත් ලෝකයට මරණ තර්ජන ගෙනා ආ බොහෝ දෙනා විවිධ කෝණයන් යටතේ ඉතිහාසය තුල සම්මානයට පාත්‍ර වූහ. දේශපාලනමය, ජාතිකමය හා ආගමික ව මෙම සම්මාන අතීතයේ ලබා දී ඇත. මීට අමතරව විවිධ ආගමික ගිවිසුම් ද අත්සන් කොට තිබේ. තම ආගම පමණක් පරම සත්‍ය බවත් එය සියලු දෙනා විසින් පිළිගත යුතු බවට ඒත්තු ගැන්වීමට විවිධ බලපෑම් ද කලෝ ඔවුහුම ය. පහත රූප දෙස බලන්න.

1933 වතිකානුව විසින් අත්සන් කල පාප් ගිවිසුම. (රෝමානු කතෝලික ආගම පමණක් සමාජයේ පිලිගත යුතු බව.)

(In 1933 the vatican signed a concordat with Germany making Roman Catholicism the only recognized religion in that country. Hitler was financed by Wall St. and the corrupt U.S. Bank. Signing the Concordat is Cardinal Pacelli (later to become pope pius XII). By 1933, he was the Vatican Secretary of State. Seated second from his left is Franz von Franz von Papen who was the Papal Nuncio to Germany. Standing at the far right can be seen the little known Vatican prelate. Montini, later to become Pope Paul VI.)

පාප් නියෝජිත, අග්‍ර නායක බිෂොප් සිසාර් ඔසේනිගෝ හිට්ලර් සමග සංවාදය (බර්ලින් නුවර, ජනවාරි 1936)
(Archbishop, Cesare Orsenigo, papal nuncio to Germony, talks with Hitler at a formal reception in Berlin in Jan. 1936. Martin Luther would never have allowed this!!)

ඔස්ට්‍රියා ඒකාධිපති ලිට්ල් කාදිනල්වරයා ඉන්ස්ටෙර් සමග දේවගැතියන් පිළිබඳ ව්‍යවස්ථාව එළිදරවු කිරීමේදී 1934.
(Little Dollfuss (Dictator of Austria) with Cardinal innitzer on the right, witnessing the proclamation of the new Clerical-Fascist constitution in 1934)

මුසලෝනි පාක්ෂික ස්පාඤ්ඤදය පූජකවරුන් ගේ ආචාර කිරීමක්. (සැන්ටියාගෝ දී කොම්පොස්ටේලා හිදී 1937)
(The Spanish Catholic Hierarchy giving the Fascist salute at Santiago de [mpostela in 1937.

ස්පාඤ්ඤ සිවිල් යුද්ධ සමයේ දී කතෝලික පූජකවරු ක්‍රිස්තු ධර්මය පැතිරවීම
Catholic "evangelization" during the Spanish Civil War.

ලෝක යුද්ධ වලට ලෝක පූජක සහභාගීත්වය ඉතා ඉහලින් තිබී ඇත. හිට්ලර් විසින් ලක්ෂ ගණන් මිනිසුන් මැරූ අතර ඒවා සාධාරණීකරණය කරනු වස් බයිබල් සටන් පාට ප්‍රසිද්ධියේ භාවිතා කළේ ය. බෑන් කි මුන් ගේ මූලික ආගම ගැන අපි මෙහි දී කතා නොකරමු. ඔහු කොරියන් වරයෙකි, අන්තවාදී ආගම් පතුරන ආගමික පූජකයන්,පාස්ටර්වරු වැඩියෙන් සිටින රටකි. 1962 දී බෑන් කී මුන් පළමු වරට ඇමරිකාවට යාමට හා එම ගමනේම සන්සිද්ධියක් වශයෙන් එවකට ඇමරිකානු ජනාධිපති වූ ජෝන් එෆ් කෙනඩි මුනගැසීමේ මූලික හේතුව වුයේ රතු කුරුස සංගමයේ ආධාරයෙන් පැවැත්වූ රචනා තරගයකදී තේරී පත් වීමයි. එසේම බෑන් කී මූන් කොරියානු යුද්ධය අවසන් වූ පසු චුන්ග්ජු (Chungju) නගරයේදී ඇමරිකානු සොල්දාදුවෙකු හමුවීමක් පිළිබඳ කථාවක් ඔහු පවසා ඇත. අපි සිංහල බෞද්ධයන් වශයෙන් මෙවන් තොරතුරු ගැන ඇස් කන් යොමු කළ යුතුය.

බෑන් කී මූන්ට හා දරුස්මන්ලාට අනුව දෙමළ ජාතිවාදී ලෝක ත්‍රස්තවාදී නායකයන් හදිසියේ ම විනයගරුක හමුදාවක් මෙහෙය වූ නායකයන් බවට පත්වන්නේ කෙසේ ද?

එය අපට ප්‍රහේලිකාවකි. අපට ඇටවූ මරු උගුල ද එයම විය.

කොටි ත්‍රස්තවාදීන් විනයගරුක බව බැන් කී මුන් හා දරුස්මාන් වාර්තාකරුවන් පවසන්නේ නම් (අප රට තුල තිබුණු එක්තරා ප්‍රසිද්ධ බැංකුවක ප්‍රධානියෙකු ද මෙවන් ආකාරයේ ප්‍රකාශයක් කල අතර එම බැංකු නාමයට එරෙහිව මහජන විරෝධය දැඩි සේ පසු ගිය වකවානු වල එල්ල විය.) එයින් සිංහල අපට ගම්‍ය වන්නේ, ඔවුන් විසින් උත්සාහ කරමින් සිටින්නේ, කිසිවකට නොව නියත වශයෙන් ම ඉදිරියේ දී හෝ අනාගතයේ දී දැනට ආරක්ෂක අංශ වල අත්අඩංගුවේ සිටින මිලේච්ඡ ත්‍රස්තවාදීන් බේරාගැනීමේ අන්තර්ජාතික ක්‍රියාමාර්ගයක දේශපාලනමය ප්‍රතිපලයක් වශයෙන් විය යුතුමය.

අරන්තලාවේ භික්ෂූන් වහන්සේලා ඝාතනය කිරීම.

The Aranthalawa Massacre was the massacre of 33 Buddisht monks, most of them young novice monks, and four civilians by cadres of the rebel Liberation Tigers of Tamil Eelam organication (the LTTE, commonly known as the Tamil Tigers) on June 2, 1987 close to the village of Aranthalawa, in the Ampara district of Eastern Sri Lanka.

ශ්‍රී දළදා මාළිගාවට බෝම්බ ප්‍රහාර එල්ල කිරීම

මෙම ප්‍රහාරයෙන් පසු දළදා කුටියට කිසිදු හානියක් නොවූ හෙයින් දළදා හාමුදරුවන්ගේ අනුහස ලොවට විදහා පෑවේය.

Brutal attack on the Sri Dalada Maligawa; The blast caused extensive damage to most areas of the Sri Dalada Maligawa. However,the Sacred Tooth Relic which is housed in the inner chamber miraculously escaped any damage.

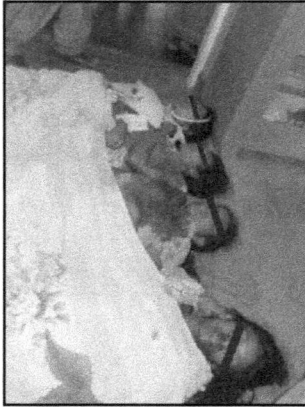

අවි නොදැරූ මෙරට අහිංසක ජනතාවගෙන් පළිගත් හැටි

LTTE's savage attacks on a civilian bus at Buttala and a village Okkampitiya. The terrorists have exploded claymore mine targeting the bus and subsequently opened fire at the survivors. The explosion has take place around 7.40 am at Telangugaspallama, Niyadalla, Ollampitiya.

අපවත් කරන ලද දිඹුලාගල මහා නා හිමි

On August 8, 1995 the Ven Matara Kithalagama Sri Seelalankara Nayake Thera popularly known as Dimbulagala Hamuduruwo among the poor peasantry the had worked to ameliorate was killed by the LTTE terrorists when he was on his way to visit a farm belonging to the temple.

තුච්ඡ වුත් , ම්ලෙච්ඡ වුත් දෙමළ කොටි ත්‍රස්තයින් විනයගරුක හමුදාවක් නම් ශ්‍රී ලංකා ආරක්ෂක හමුදාව යනු අවනීත හමුදාවක්ද බෑන් කීන් මූන් විසින් ව්‍යංගයෙන් පවසන්නේ එය නොවේද?. දරුස්මාන්ලා යනු හුදෙක්ම කොටි ත්‍රස්තයින්ට කඩේ යන ඩොලර් හිඟා කන හිඟන්නෝ වෙති.

ගූගල් උපුටා ගැනීමක්

මන්ත්‍රීවරුන් හා පූජකයන් කීදෙනෙක් අතීතයේ මෙසේ දෙමල අන්තවාදී එල්.ටී.ටී. ය විසින් පැවැත්වූ රැස්වීම් වලට සහභාගී වී ඇත්ද?.

මහින්ද රාජපක්ෂ ජනාධිපතිවරයා සහ මෙරට ආරක්ෂක සේනාවෝ යුධ අපරාධකරුවෝ ලෙසින් හංවඩු ගැසීමට හා අන්තර්ජාතික පෝරකයට යැවීමට සැරසෙන බෑන් කී මූන් හා දරුස්මාන් රිපෝට්කරුවන් දෙමළ ජාතිවාදි කොටියන් විසින් කළ දහස් ගණන් ජන ඝාතන ගැන පවසන්නේ කුමක්ද?.

ගූගල් උපුටා ගැනීමක්

පූජක සත්කාර හා සම්මාන තවත් අයුරකින්

එල්.ටී.ටී. ය විනයගරුක නම්, ඉහත කී ජන ඝාතන දරුස්මාන්ලාට අනුව සාධාරණ විය යුතුය. ඔවු එය ඔවුන්ට සාධාරණයකි. ලොව වෙනත් රටවල් නිකරුණේ විනාශ කිරීම පිටුපස බටහිර ජාතීන් හා ආගම්වාදී පූජකයන් වැඩිපුරක් එල්ලී සිටිති. දිය යටින් ගින්දර ගෙන යාමේ කලාව මොවුන් හොදින්ම ප්‍රගුණ කරති.

ගුගල් උපුටා ගැනීමක්

ත්‍රස්ත නායකයාගේ පිළිරුව දෙවියන්ට වඩා ඉහලින් එසවීම හා ත්‍රස්තවාදයට ප්‍රසිද්ධියේ උදවු කෙරු සමහර පූජකයෝ.

දෙමළ ජාතිවාදය (යුද්ධය) පිටුපස තිබ්බේ රට ඇල්ලීම අරමුණක් පමණක් නොවේ. එය හෙළයට (අපට)විරුද්ධ ව ආයුධ රැගෙන කල ආගමික හා ජාතික යුද්ධයකි. ශ්‍රී දළදා මාළිගයට බෝම්බ එල්ල කිරීම, අරන්තලාවේ භික්ෂූන් වහන්සේලා ඝාතනය කිරීම, දිඹුලාගල නාහිමි ඝාතනය පිටුපස්සේ ඇත්තේ ද බටහිරයන්ගේ අනුහසින් වඩවන ලද දෙමළ කොටි සන්තානය තුළ තිබූ ආගමික වෛරයමය.

එදා නරකින් රට ඇල්ලීමේ කුමන්ත්‍රණයක නිරත වූ පුද්ගලයන් අද එය (හොඳින්) විවිධ ලෝක සංවිධාන හා සංවිධාන නායකයන් හරහා කිරීමේ මාර්ගයට පිවිස සිටිති. සර්ව ආගමික උගුල ද, පාර්ලිමේන්තුවට ගොස් ව්‍යවස්ථාදායකයට, විධායකයට මෙන්ම අධිකරණයට පවා බලපෑම් කිරීම ද එම මර උගුලේම සාමකාමී අංගයකි.

සිංහලයනි සැමවිට අවධානයෙන් සිටින්න.. මුලා නොවන්න.. ඉතිහාසය අමතක නොකරන්න.. ලොව ඇතිවී තිබෙන ප්‍රධාන පෙලේ ප්‍රහාර, යුද්ධ සියල්ලක ම පිටුපස දේවවාදයේ ගිනිසිළුව සැගවී තිබේ.. ලෝක ඉතිහාසය අධ්‍යනය කර බලන්න.. නොබියව බුදුදහම හා රට අරක්‍ෂා කිරීමට ඉදිරිපත් වන්න.. අප වීරෝදාර රණවිරුවන්ගේ විජයග්‍රහණය සදා රැක ගනිමු.

සාමය මුවාවෙන් අප ගෙල සිර කරති
යුද්ධය තිබුණු කාලේ දී සටනට නොයති
රණවිරුන් උන් සැම විට පවා දෙති
ත්‍රස්තවාදියෝ විරුවන් යැයි කියති

ශ්‍රී මහා බෝධියටත් මුන් හැම වෙඩි තබති
දළඳා මැඳුරටත් මුන් හැම පහර දෙති
ත්‍රස්තවාදයෙන් බුදු දම් නසති
ආගම් යුද්ධය නොවේ එය සාමය යයි කියති

මරාගන මැරෙන නොරටුන් තවම ඇත
බලාගෙන කොල්ලෝ පණ නසාවි ඒ හැත්ත
දීපන් කොල්ලෝ උන්ගේ තතු පොලිසි වෙත
විරුවන්ගේ පිහිට මිස පිහිටක් අපට නැත

කොටි කොඩි ඔසවමින් පරයන් පාරේ යති
මානව හිමිකම් අප කැඩුවා යයි කියති
විදේශයෙන් මෙහි ආ බව අමතක කරති
තුවක්කුවෙන් බෝම්බයෙන් හෙළයන් මරති

බෑන් කී මුන් කමිටුවට එරේහි දෙවි යැදුම

එ පස්වා, මෙ පස්වා, දෙ පස්වා දහස් කල් බුදු සසුන පිරිසිදුව රැක බලා ලොවට දෙන සිරි වරම් බුදු රදුන් ගෙන් ලැබූ මෙ සිරිලක, දහම් දිව හෙළ දනන් හා රකින සියලු හෙළ දෙවියනේ...

සක් දෙවිඳු, ඔබ දෙවිඳු, සිරි විස්නු, සිව දෙවිඳු, උමා හා ගණ ඉසුරු, කඳ සුරිඳු, සරසවිය, පතිනි මව, කුවෙර, රාවන, විභීසන, සිද්ද සූනියම්, සමන් දෙවි, උපුල්වන්, දැඩිමුංඩ දෙවිඳු, කලු කම්බිලී, එ කලු බණ්ඩාර ඈ සියල් හෙළ දෙවියනේ...

රට බෙදනු වස් නැගුණු එ තිරස්ත කොටි රැහැන, හෙළ දිවෙහි ගම් පිටින් වනසමින් මව් තනේ කිරි බිබී උන් බිලින්දන් පවා මවුවරුන් හා එකට ලේ විලෙක සතපවා අනුරපුර සිරි මහා බෝ සමිඳු පුද බිම ද, මහනුවර එ සිරි දළ දා සමිඳු පුද බිමත් උවසුවන් - උවැසියන් හට ද අමු සොහොන කළ, එම අරන්තලාවේ සුසිල් මහ සඝ' රැවන වැඩි බසය රඳවමින්, එ මැ සඟන බිමට ඇදැ, ඇනැ කොටා මරු ගොදුරු කළා වූ, ජන දිවිය මුළුමනින්, අවුල් කළ කොටි රැහැන - තිස් වසක් රට පෙළූ කොටි රැහැන මුළුමනින් වනසමින් ලොව පෙළන එ තිරස්තවාදයට මහ ම තරවටු පෑ වීර රණවිරුවන් ගෙ විකුම් බල ලුහුඬු කොට යුද සෙමෙහි ලක් රජය එ මානව හිමිකම් ද කැඩු හ යි නැගෙන බොරු අපවාද විමසනුව....

එ.ජා. සංවිධානෙහි මහා ලේකම් නිලය දරණ බෑන් කී මූන් විසින් පත් කරන ලද අමන කමිටුව සෙදින් විසුරුවා හැර මෙ ලක් රජය සුරකින ලෙසට කරන මේ අයැදුමට යොමා දිව කන් සොඳින් සත් දිනක් නොයාදී, තුන් දිනක් නොයාදී, එක් දිනක් නොයාදී සත් පැයක් නොයාදී එක් සැණින් මෙ අරමුණ ඉටු කරන සේක්වා...!

සාදූ, සාදූ, සාදූ ....!

මෙම පත්‍රිකාව කොළඹ නගරයේ බෑන් කී මූන් ට එරේහිව පැවැත්වූ මාරාන්තික උපවාසයේදී බෙදා දෙන ලද්දකි. හෙළ පඬිවරයෙකු අතින් ලියන ලද මෙම දෙවි යැදුම දිනපතා භාවිතා කර සත්‍යයක් ක්‍රියා කරන්න.

යාඥා මැදුරු තුල පෙති වර්ග බෙදාදීමට සැරසෙන්නෝ කිරීමට යන්නේ කුමක්ද?

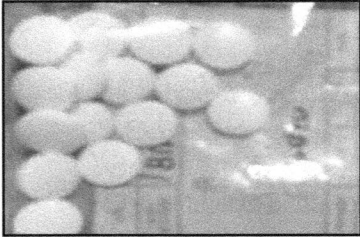

බ්ලේසින් යන නාමය යටතේ එන සංවිධාන රාශියක් යාඥා කරමින් බෙහෙත් වර්ග අසරණ දුගී දුප්පතුන් හට බෙදමින්, අද වනවිට අප රට තුල අස්සක් මුල්ලක් නෑර පැතිර යමින් සිටී. 2010 මැයි මස මහනුවර දිගන අලුත්වත්ත ප්‍රදේශයේ තිබූ ආගමික සායනයකදී මෙසේ පෙති බෙදාදුන් බව අලුත්වත්ත ගම්වාසීන් පවසයි. (අදටත් මෙම පෙති ගිල දැමූ පුද්ගලයන් මෙම ප්‍රදේශ වල වාසය කරති.)

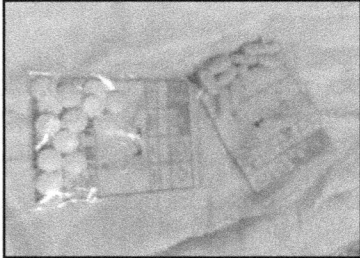

ග්‍රන්ථයේ සඳහන් මෙම රූප රාමු සකස් කරගනු ලැබුවේ එම පෙති මගිනි. ඉබාගාතේ යමින් සමහර පල්ලි තුලද යාඥා මැදුරු තුල ද පෙති වර්ග බෙදාදීමට සැරසෙන්නෝ කිරීමට යන්නේ කුමක්ද? ඔවුන් තදබල වේදනා නාශක ලබාදෙන අතර IBM 400mg පෙති සතියකට 14 ක් පමණ ද මල්ටි විටමින් පෙති ස්වල්පයකුත් ලබා දේ. විවිධ රෝගීන් හට විවිධ පෙති වර්ග ලබා දේ. ඕනෑම ආබාධිත රෝගියෙක් භාර ගැනීමක් ද සිදු කරයි. (රෝහලකට පවා රෝගීන් භාර ගැනීමේ දී සීමා ඇත.) සියලුම රෝගීන් පෙති ලබාගැනීමට පෙර දේව යාඥා වට සහභාගි විය යුතු අතර පෙති සියල්ලටම දේව ශරීරය ස්මුර්ත වීමක් හා ආගමික නොවන දොස්තරවරයෙකුගේ පෙති වල වඩා අමුතු බලයක් මෙම පෙති තුල ඇතැයි යන විශ්වාසය දේව කන්නලවුව තුලින් කිරීමට උත්සහ ගනී. ආසිරි අන්තර්ජාතිකය යන නාමය මෙවන් සංවිධාන තුළ වැද්දා ගැනීමට මෙම අලුත් දොස්තර පාස්ටර්වරු ක්‍රියා කොට ගෙන යයි. පිටරැටියෙක් හෝ දෙවියෙකු හෝ පූජකයෙකු හෝ නැත්නම් වෙදකම නොදත් කෙනෙකුගෙන් පෙති ගැනීම ඉතා භයානක විය හැක. ශාරීරික රෝගවැඩි කර ගැනීමක් ද නිකරුනේ වල පල්ලට යාමට උත්සහ කිරීමක් ද වේ. මිෂනාරින්ගෙන් හෝ සංචාරය සඳහා මෙහි පැමිණි මේ ආගමික පෙති බෙදාදෙන්නන් හදන්නේ දේව පෙති (සමහර මෙම පෙති බොන රෝගීන් එම පෙතිසඳහා යොදන නමක්) බීව විට එනම් යාඥා කොට සකස් කළ බෙහෙත් පෙති බීවවිට පමණක් ලෙඩ හොද වන බව කීමටද?

පෙර යාඥාකරුවන් කලේ මිනිසුන්ව ලෙඩ රෝගවලින් මුදවා ගැනිමට බෙහෙත් නොදී සිටීමයි. දැන් දැන් එම උපක්‍රමය වෙනස් කරන්නේ යාඥාවෙන් ලෙඩ සුව කිරීමට ගොස් අප රට තුල මැරුණ මිනිසුන්ට ගෙවීමට තිබෙන වන්දි ගෙවීම් අමතක කොට තවද ලැබිය යුතු දඬුවම් කුමන්ත්‍රණ මාර්ගයෙන් යටපත් කරගෙනය. ගමේ අහල පහල දොස්තරවරයාට බෙහෙතක් වැරදීමෙන් තම ඥාතියෙකුට අනතරක් වුවහොත් ගල් ගසන නීතියේ රැහැනට හසු කරන පුද්ගලයන් ගංජා, අබින්, කුඩු වටලන ආරක්ෂක සංවිධාන වල, මහජන සෞඛ්‍ය නිලධාරීන් මෙවන් අවස්ථාවලදී නිශ්ශබ්දව සිටීම (අවධානයක් නොමැති වීම) පුදුම සහගත තත්වයකි.

අහම්බෙන් හෝ මෙම ව්‍යාපාර නීත්‍යානුකූල නම් මෙම වැඩසටහන් ගැන ග්‍රාම නිලධාරීන් දැනුවත් කළ යුතුය. එසේම ආගමික ගුණ්ඩුවක් හෝ මහජන සෞඛ්‍ය නැසීමක් අවසාන ප්‍රතිඵල වශයෙන් කිසිම ආධාර උපකාර කිරීමේ වැඩසටහන් වලට ඇතුළත් නොවිය යුතුය.

"ලෙඩ සුව කිරීමේ යාඥා මධ්‍යස්ථාන මගින් රෝගීන් ගෙන්වා ගෙන ජීවිත වලට අනතුරුදායක රෝග පැතිරීම හා ජීවිත හානියට අවස්ථා ඇති කිරීම. (දණ්ඩ නීති සංග්‍රහයේ 262 වගන්තිය අනුව මෙය වරදකි.)"

බෙහෙත් දීමට අනුමත නොකළ ස්ථානය සිට බෙහෙත් රෝගීන් හට බෙදීම වැරදි ක්‍රියාවකි. පාප් තුමා ද බෙහෙත් හේත් ගැනීම සිදු කරන්නේ පිළිගත් දොස්තරවරයෙකුගෙනි. පාප්තුමා බෙහෙත් පෙති බොන විට එම පෙති යාඥා මෙහෙයකට පළමුවෙන්ම තබා බීමේ කලාවක් ගැන තවම වාර්තා වී නොමැත. ආගමික කපටියන්ගෙන් හෙළ අප බේරෙමු.

දොස්තර වට කරගත් රූපය දුටුවා ද
දෙවියන් ලෙඩ සුව කරනා බව කීවා ද
ඖෂධ ඔසු පැන් හැම දුන්නා ද
කපටියන්ගේ වැඩ එහෙමයි නොව නේ ද

ලෙඩ සුව කරන යාඥාවට කත් අදිනු එපා
මිෂනාරි මාරයන් පිටුපස යන්න එපා
ජොහොරේ මායාවට අසු වන්න එපා
මිනිසත් කම ලබා නිකරුනේ මැරෙනු එපා

යාඥාවෙන් ලෙඩ සුව කරගත නොහැකි
හිමින් සීරුවේ අපි දෙමු බෙහෙත් පෙති
වේදනාව සමනය කර ගත නොහැකි
පාස්ටරයා දැන් බොරු දොස්තර කෙනෙකි

පාප් වහන්සේ ද නිති ගති බෙහෙත් පෙති
යාඥාවෙන් කොහොමද ලෙඩ සුවවෙන්නේ නිති
ආශිර්වාදය කර දුන් පලියට බෙහෙත් පෙති
ගිල දමලා අප යනවා ද අගතියට නිති

සම්බුදු රජුන් ලෙඩ වූ විට දී පවා
ජීවක වෙදඳුරන්ගෙන් ඖෂධ ගත්තේ එදා
අනුගත වෙමින් මිනිසත් කමට එදා
සම්බුදු රජුන් පෙන්නුවේ හරි මගදි සදා

පන්සල් හෝ රට දියුණු කිරීමෙන් පමණක් අන්‍යාගමීකරණය වැළැක්විය නොහැක.

බෞද්ධයන් උදෙසාම පෙනී සිටින සමහර රූපවාහිනී නාලිකා වැඩසටහන් වල දැන් දැන් පන්සල් දියුණු කිරීමෙන් අන්‍යාගමීකරණය නැවැත්විය හැකි යන තේමාව යටතේ විවිධ රූපමය හා හඬ ඇතුළත් වැඩසටහන් ප්‍රසිද්ධ කරමින් සිටී. මොවුන්ගේ මතය නම් සැදැහැවත් දායකයන් විශාල ප්‍රමාණයක් ඇත්ත කතා කිරීම පසෙකලා (වැරැද්ද නිවැරදි නොකොට) නැත්තක් ඇති කිරීම (දියුණුව තුළින් පමණක්) තුළින් බුදුදහම මෙලොවින් තුරන් කිරීමට මාන බලන දෙවෙනි වතිකානු සම්මේලනයෙන් (1962-1965) දියත් වුණ ලෝක ආගමික මිෂනාරී කුමන්ත්‍රණය වැළැක්විය හැකි බවය.

ප්‍රචාරක මාධ්‍යයන් උපයෝගී කොටගෙන ආගමික කුමන්ත්‍රණ කරුවන් නිතැතින්ම සිංහල බෞද්ධයන්ගෙන් (අපෙන්) අපේක්ෂා කරන ගොන් නිහඬතාවය (නිවටකම) තවත් මර උගුලක් වන පන්සල් දියුණු කිරීමෙන් අන්‍යාගමිකකරණය වැලැක්විය හැකි යන මාධ්‍ය මර උගුලට හිර කිරීම, බුදුදහම දිවි හිමියෙන් රැකීමේලා ඇති අප සතු අදාර කටයුත්ත අමතක කොට මුදල් මතින් හෝ පන්සල කොන්ක්‍රීට් මගින් ගොඩනගා එහි ධර්මයට ලැදි නමුත් අනාගත අප දූ පුතණුවන් උදෙසා දිවි හිමියෙන් ධර්මය ආරක්ෂා නොකරන තම නිවන පමණක් අරමුණු කොටගත් තම ජාතික යුතුකම බැහැර කොට (වගකීම් පැහැර හැර) ඉතා පහසුවෙන් නිවන් දැකීමට (දියුණු වූ පන්සල තුළ සිට) උත්සහ කරන කණ්ඩායම් ඇති කිරීම බරපතල පාප ක්‍රියාවකි. එසේම එය බුදුදහමේ මළගම සකස් කරනවුවන්ට අත්වැල් ද ඇල්ලීමකි. තව දුරටත් කියහොත් විචක්ෂණ බුද්ධියෙන් යුතු දායකයන් සන්තාපයට පත් කරන ද කටයුත්තකි.

අප කවුරුත් හොඳින් දන්නා බලන්ගොඩ ආනන්ද මෛත්‍රිය නායක ස්වාමීන් වහන්සේගේ ප්‍රධාන ශිෂ්‍යයෙක් පුජකයකු කිරීමට ගත් උත්සාහය මේ ළඳ බොළඳ රූපවාහිනී මාධ්‍යවේදීන් නොදන්නවා ඇති.

"පන්සල කොළ අතු කැබැල්ලකින් වටවූ කුඩා කුටියක් වුවද සැබෑ නිර්මල ධර්මය එහි වැඩසිටින භික්ෂූන් වහන්සේලාගෙන් දායකයන්ට ශ්‍රවණය කල හැකිනම් හා ධර්මය අප කෙරෙහි වටහා දීමට සමත් ධර්මධර, විනයධර භික්ෂූන් වහන්සේලා වැඩසිටීනම් එය ඉතා දියුණු පන්සලක් බව සිංහල බෞද්ධයන්ගේ මතයයි. බටහිරයන්ගේ දියුණුව හා අපේ දියුණුව අහසට පොළොව සේ අන්ත දෙකකට සදා වෙන්ව පවතී".

විවිධ රූපවාහිනී නාලිකාවල විවිධ වැඩසටහන් කරවන මාධ්‍යවේදීන් කියාගන්නා පිරිස් වර්තමානයේ උලුප්පා දක්වන්නේ තමන්ගේ ආගම පාඩුවේ අදහාගෙන ජීවත්වීම සහ ගමේ පන්සල දියුණු කිරීම (කොන්ක්‍රීට් මගින්) සැබෑ බෞද්ධ කමක් හැටියටයි. එහෙත් ඔවුන් නොදන්නා කාරණයනම් ඉතාමත් දියුණු යැයි (ඔවුන් විසින්) කියන පන්සල් අවට ගම්මානවල් වල වැඩිපුර ප්‍රතිශතයක් වශයෙන් අන්‍යාගමිකකරණ සිදුවෙන බවය.

ඊට ප්‍රධානම හේතුවනම් මිෂනාරීන්ගේ වැඩිම ඇස ගැසෙන්නේ මෙම ප්‍රසිද්ධ හෝ දියුණුයි කියන පන්සලය. කුමන පවයක් හෝ බොරුවක් හෝ බේගලයක් ඇද බා දෙවියන් අමුතුවෙන් හෝ මවා පෙන්වා ආගමට හැරවීමට බැරි තැන මුදල් හෝ කාන්තාවන් හෝ ලබා දී ප්‍රසිද්ධ හෝ දියුණු පන්සලේ සිටින ලොකුම උපාසක තැන හෝ නැතොත් එහි වැඩසිටින භික්ෂූන් වහන්සේ කෙනෙකු හෝ ඩැහැ ගන්නේ ප්‍රචාරක වාසි තකා බැවිනි.

පන්සලේ ආරක්ෂාව නොව (සිව්වනක් පිරිස ගේ) දියුණුවේ කෙළවර පතන මාධ්‍යවේදියාණෙනි, බය නොවී, අලස නොවී වැරැද්ද නිවැරදි කිරීමට අවශ්‍ය දැනුම ලබාදීමට ඔබගේ වටිනා ගුවන් කාලය යොමු කරන්න. රට වටින් ඇසෙන දියුණුවේ ශබ්දය කොයි විටෙක නැතිවෙදෝයි අප නොදනිමු. එයට නොරැවටෙන්න. බුදුදහමේ මළගම සැලසුම් කිරීමට විශාල මුදල් සම්භාරයක් ලෝක මට්ටමින් විවිධ ආගමික පූජකයන් හා මිෂනාරීන් වියදම් කරයි. එබැවින් පන්සල දියුණු වුවද, නැති වුවද එය රැක ගැනීම අපේ යුතුකමකි. බොළඳ අදහස් පැහැර හැර විශේෂයෙන් අප ළමා පරපුර නොමග නොයවා අතීත මුතුන් මිත්තන් උඩනොබලා ඉඳ, දිවි පුදා සටන් කොට රැකගත් නිර්මල බුදුදහමද සිහළ රට, දැය රැකගැනීමට අවශ්‍ය චිත්ත ධෛර්ය ඇතිවෙන ආකාරයේ නිර්මාණ කෙරෙහි ඔබගේ අවධානය යොමුකරන්න.

පූජ්‍ය මිගෙට්ටුවත්තේ ගුණානන්ද හිමි, අනගාරික ධර්මපාල තුමා, පූජ්‍ය ගංගොඩවිල සෝම හිමි වැනි උදාර ගිහි පැවිදි උතුමන්ලා රාශියක් දිවා රෑ වෙහෙස මහන්සි වී අද ඔබ රූපවාහිනී නාලිකා තුළ සිට ප්‍රචාරය කරන බණ දහම් රැක දී තිබේ. (එය හොඳින් මතක තබාගන්න) විටෙක ජීවිත තර්ජන ද පසෙකලා අන්‍යාගමීකරණය තර්ජන ගැන තතු පවසන ඔබ වැනිම මාධ්‍යවේදීන් හැල්ලු කිරීම, අන්‍යාගමීකරණය ගැන සඳහන් තොරතුරු එළිදැක්වීම අසික්කිත හෝ වැරදි ක්‍රියාවන් වශයෙන් ව්‍යංගයෙන් පැවසීම නින්දිත ක්‍රියාවකි. එය එක් කුසේ උපන් සහෝදරයෙකු මරා දැමීමට වඩා බරපතල අපරාධයකි.

ඔබ වැනි මාධ්‍යවේදීන් ගැන තෙවනි ඇසකින් බැලීමට කාලය පැමිණ ඇති බව අප බෞද්ධ සමාජයට පතුරුවන්නෙමු.

සිංහලයා නැසීමේ ඉංග්‍රීසීන්ගේ කුමන්ත්‍රණ

පර සුද්දාගේ අනාගත අභිලාෂයන් සහ "කළු සුද්දන්ගෙන් වන සිංහල ජාතියේ අනාගත විනාශය" පිළිබඳ ව ඇහැලේපොල නිලමේ කෙසේවත් නොසිතන්නට ඇති. එසේ සිතුනා නම්?

මත්පැන් පානය අප හට උගැන්නුවේ ඉංග්‍රීසි ජාතිකයන් ය. ඔවුන් විසින් මෙසේ කලේ සිංහලයාට තිබෙන හිතෛෂි භාවයකට හෝ නැතිනම් සිංහලයා සතුව නොතිබූ ඉංග්‍රීසීන් විසින් සොයාගත් ඉතා හොඳ සෞඛ්‍ය සම්පන්න ක්‍රියාවක්, සිරිතක් හඳුන්වා දීමට නොවේ. හුදෙක් සිංහලයා විනාශ කිරීමට යි. ඉංග්‍රීසි විසින් කුමන්ත්‍රණකාරීව කල ක්‍රියාව නොදැන අදටත් තම ජාතියේ අනාගතය නොතකා විශාල සිංහලයන් ප්‍රමාණයක් උපන් ශිෂ්ටාචාරයත්, සමාජයත් තම සෞඛ්‍යයත් ඉදිරි පරම්පරාව ඇති වන ජාන ද විකෘති වන අන්දමින් තම බේබදුකම සිදුකරමින් තම ජාතිය වලපල්ලට ඇද දමයි.

සිංහලයාගේ මත්පැන් බීමේ පුරුද්ද පසු පස ඇති හේතු සාධකය පිළිබඳ වර්තමානයේ ප්‍රසිද්ධියක් නොමැති නමුත් අතීතයේදී මෙම සිංහලයා බේබද්දන් කිරීමේ කුමන්ත්‍රණය පිළිබඳ හඳුනාගත් උගතුන් හා ජාති හිතෛෂීන් කල ප්‍රකාශ කිහිපයක් දෙස හැරී බලමු. බේබදුකම පැතිරීම සමගම ආගම් මාරුවද එකට වෙලී තිබී ඇත. මත්පැන්, මත්ද්‍රව්‍ය, මත් දුම් පානය කරන්නන් අතර ඉතාමත් ප්‍රසිද්ධ වැකි කිහිපයක් තිබේ.

උදාහරණ :

කබරයා දැමීම - අධික ලෙස වමනය යෑම :

වමනය යෑම ඕනෑම පුද්ගලයෙකුට ශරීරයට අපහසු කාර්යයක් හා සෞඛ්‍ය සම්පන්න කාරණයක් නොවන බැවින් තමාගේම කැමැත්තට බී වමනය යාමත් ලැජ්ජාවට කාරණයක් වන බැවින් එම කාරණය සමාජයෙන් ආවරණය කරගැනීමට මත්පැන් භාවිතයට හුරු වූවන් මෙම විශේෂණ පදය යොදා ගනී.

ෂොට් එකක් දාමු හෙවත් අඬඩියක් ගැසීම හා සෙට් වීම :

ඉංග්‍රීසි පදයක් හා සිංහල පදයක් මිශ්‍ර කොටගෙන සකසා ගත් ඉංග්‍රීසි හුරුවට ඇති වචනයකි. මෙයින් මත්පැන් බීම සඳහා ආරාධනා කිරීමක් හා මත්පැන් බීම සඳහා සහභාගී වීමට ආරාධනය කරයි. තමා ඉංග්‍රීසි පන්තියට ලැදි පුද්ගලයෙකු වශයෙන් පෙනී සිටීමට (සිතින් ආවර්ජනය කරගැනීමට) ෂොට් එකක් හා අඩියක් ගැසීම යන වචන උද්‍යෝගාත්මක වීර ක්‍රියාවකුත්, සෙට්වීම යන වීම මගින් සතුටට හේතුවන කාරණයට අඩ ගැසීමකුත් පෙන්නුම් කිරීමට මත්පැන් බොන්න මෙම වචනය භාවිතයෙන් උත්සාහ කරයි.

දුමක් ගහමු ද?

විශේෂයෙන් ගංජා, අබින්, මත්කුඩු වැනි ඉතා භයානක බරපතල සෞඛ්‍ය හා සමාජමය ප්‍රශ්ණ ගෙන දෙන මත්ද්‍රව්‍ය ඉරීමට, බීමට, යොදා ගන්නා උද්‍යෝගාත්මක වචනයකි. දැන් දැන් පාසල් යන වයස් ඇති දරුවන් අතර ද ප්‍රසිද්ධ වචනයකි. මෙය ඉතා බරපතල තත්වයක් වශයෙන් හඳුන්වා දිය හැක. දුමේ වෙනස නොදැන පාසල් ළමුන් දුමක් ගැසීමේ අරමුණින් කිනම් හෝ මත් ද්‍රව්‍යක් බීමට ආකර්ශණය කර ගැනීමේ බලයක් මෙම වචනයට තිබේ. මත් පැන් භාවිතයට ගන්නවුන් උපයෝගී කරගන්නා සමහර වාක්‍ය ඛණ්ඩ තරුණයන් හා පාසල් ළමුන් මත් පැන් භාවිතය කෙරෙහි මානසිකව යොමු කිරීමට දිරි දීමක් සිදු කරයි.

''යුරෝපීය පාදිලි රාලලා අනුව යන ක්‍රිස්තියානි සහෝදරවරුනි, අප රට සිංහලයන්ට පැමිණ තිබෙන විපත්ති බොහෝ යි. එනම් මත්පැන් පානය කිරීම, ශිල්ප කර්මාන්ත නැතිකමින් දුගීව සිටීම, ඒ නිසා චෞරකම් කිරීම, එයට දඬුවම් ලැබ බන්ධනාගාරවල දැමීම යනාදියයයි. මාණික්‍යරත්නයක් බඳු වූ අපේ චාරිත්‍ර ඉගෙන ගෙන රටට ජාතියට ප්‍රේමයෙන් ක්‍රියා කරනු. සුද්දා අප රටට වී වර්ෂ සියයක් ගත විය. මේ කාලය තුළ කර්මාන්තාදී යම්කිසි ක්‍රියාවක් අපට නුගන්වා අබින්, අරක්කු, විස්කි, බ්‍රැන්ඩි, බොන්ට ද ගොඝාතක සූකරඝාතකයන් කරවා අපට මහා විනාශ ද මේ පරදේශිකයා විසින් පමුණුවනු ලැබ තිබෙයි. සිංහල ජාතිය වර්ෂ 2358 ක් මේ ලංකාව නිසා සාගරය පරදවන්න ලේ පූජා කර තිබේ.

සිංහලයනි, යුරෝපියන් ගෙන් අප ශාන්තියක් මේ තෙක් ලැබී නැත. අප අතර සමගිය නැති කරන්නට යුරෝපියන් කටයුතු කරනු ලැබේ. ඕලන්ද කාලයේ අරක්කු විකිණීමට තිබුනේ නැත. පළමු වැනි වරට මත්පැන්බීම පුරුදු කරන්නට මාර්ග තැනුවෝ ඉංග්‍රීසිහු මය. වසල සූත්‍රයේ පෙනෙන අන්දමට මත් පැන් පානය කරන්නා ද කරවන්නා ද වසලයන් හැටියට ගණන් ගෙන තිබේ.

වර්ෂ 2358 ක් කිසිම මත්පැන් වර්ගයක් පානය නොකර සිට සිංහල ජනකාය නැති කරන්නට කටයුතු කළෝ අපට හිතැති සර්ව සාධාරණ ඉංග්‍රීසි ජාතිකයෝ ය. ආදායම වැඩි කර ගැනීමට මෙසේ කරන්නට ඕනෑය යි පත්‍රයේ ප්‍රසිද්ධ වූ ලියවිල්ලෙන් ද පෙනේ. වීර වික්‍රමකම් කළ සිංහලයන් ගේ ජාතභූමිය වූ ශ්‍රී ලංකා ද්වීපය දෙමළ, ජා, චීන, පරංගි, ඕලන්ද යන ජාතීන්ගෙන් ආරක්ෂා කරගත් නමුත් මත්පැන් පොවා අසුරයන් දමනය කළ ශක්‍රයා මෙන් මත්පැන් නැමති විෂ බොන්නට දී සිංහලයන් නැති කිරීමට ඉංග්‍රීසි නිලධරයෝ ක්‍රියාරම්භ කළෝය. ක්‍රමයෙන් ගමක් පාසා අරක්කු බීම වර්ධනයට කටයුතු යයි ඒ ඉංග්‍රීසි ලියවිල්ලෙන්ද පෙනේ..''

-අනගාරික ධර්මපාල තුමා 1911 දෙසැම්බර් මස 23

ඉංග්‍රීසි ලියවිල්ල :

Cannot here omit mentioning that if Government could be induced to extend the arrack rent throughout the country by degrees it would be attended with good consequences and in time be productive of a considerable revenue'

Ceylon Literary Register, p,399, Vol.I,1886

විදේශවලට යවන මිෂනාරිවරුන් හා බයිබල් පොත් සමඟ ඊට වැඩියෙන් මත්පැන් බෝතල හා වෙඩි උණ්ඩ යවනු බව පෙනේ. මුලින් කී ද්‍රව්‍යයෙන් සිතත් දෙවනුව කී දෙයින් සිරුරත් වනසනු පිණිසය.

-ඒ.යි. බුල්ජන්ස් මහතා 1886

සිංහලයා නැසීමේ කුමන්ත්‍රණ ගැන දැන දැනත් ඒවා අපි විසින් ම නොයෙකුත් ක්‍රම වලින් හැඩගන්වා රාජ්‍යය මට්ටමින් ද, ගම්මාන මට්ටමින් ද, පුද්ගලික මට්ටමින් ද හා තවද නොයෙකුත් ඔලමොට්ටලකම් වලින් ද හැඩගන්වා (ෂොට් එකක් දාමු, කබරයා දැම්මා මාර ආතල් එක, දුමක් ගහමු යනාදී දෑ) උසුළු විසුළු කොට බිව්වත් මැරෙනවා, නිකන් හිටියත් මැරෙනවා කියාගනිමින් වීර්ය කොට හෝ අතහැරිය යුතු සුරා පානය අඩියක් ගහමු, දුමක් බොමු, සෙට් වෙමු යැයි කියා ගනිමින් බොරු ප්‍රෝඩා කර ආරක්ෂා නොකර පෙර ආගම් මාරුවත් සමගම සිංහලයා නැසීමේ දීර්ඝ කාලීන කුමන්ත්‍රණයක් වශයෙන් ආ මත්පැන් රකුසා ගැන සැබෑ තතු හෙළි කොටගෙන කාලය අපතේ නොහැර ඉන් මිදී අනාගතයේ බිහිවෙන හා දැනට අප ජාතිය සතුවෙන නිර්මල දරුවන් මත් දුම්, මත්ද්‍රව්‍ය උගුලෙන් රැක ගැනීමට අධිෂ්ඨානය කරගමු. සාදයට, සාජ්ජයට, නැටීම, වැයීම, ගීතයට මත්පැන් හා මත්දුම් උවමනා නැත. ගත සිත දෙකම නසන මත්පැන්, මත් ද්‍රව්‍යය, මත් දුම් ගමෙන් හා රටෙන් තුරන් කර රෑ වැටුන වලේ දවල් නොවැටී සිටින එකම ජාතිය අපි වෙමු.

ඔබගේ මතකයට

ඉංග්‍රීසින් විසින් විදේශ රටවලට විශේෂයෙන් යැවූ දෑ :

මිෂනාරීන් (ආගම් මාරුව සඳහා)
බයිබලය (ආගම හඳුන්වාදීම සඳහා)
වෙඩි උණ්ඩ සහ ජ්ජන්තලා සහ සොල්දාදුවන් (රට ඇල්ලීම සඳහා)
මත්පැන් (ආදායම් වැඩි කර ගැනීමට සහ විශේෂයෙන් සිංහලයන් නැසීමට)

කය නැසුමට මත් පැන්	බෝතලය
සිත නැසුමට එවුවේ	බයිබලය
ඒ බව පැවසුවේ හෙළ සකි	කවුරුන් ය
බටහිර ජාතික ඒ.ඊ.	බුල්ජන්ය

අර්ථවත් නොවන වෙසක් සැරසිලි

කූඨ බුද්ධිය ඇති වෙළඳකරුවන් සමහර තැන්හිදී අර්ථවත් නොවන වෙසක් සැරසිලි නිර්මාණය කරමින් පොදු ජනයාගේ මුදල් පසුම්බියට විදීමට සැරසී ඇති බව කොයි කාහටත් කඩපෙළවල් දෙස බැලූ විට දැකිය හැකි වේ. වෙසක් සහ පොසොන් සමයන්හිදී විවිධ තොරන් වර්ග වලට නිතැතින්ම තැන ලැබෙන අතර විවිධ වර්ණයේ විදුලි පහන් වලින් සැරසූ බුද්ධ රූප මඟ දෙපස විකිණීමට තිබේ. සමහරක් බුද්ධ රූප හිතාමතා විකෘති කර ඇති අතර, සමහරක් බුද්ධ රූප නිර්මාණකරුවා විසින් ඇණයකින් හෝ විදින යන්ත්‍රයකින් සිදුරු කොට ශ්‍රී බුද්ධ ශරීරය පුරාවට විදුලි පහන් දැමීම සිදුකර ඇති අවස්ථාද දැකිය හැකිය.

නිර්මාණය කර ඇති හෝ චිත්‍රයට නගා ඇති බුදුරුව විශාල හෝ කුඩා වුවද බුදුරුව මත නැගීම, හිඳ ගැනීම, ඇවිදීම, හේත්තු වීම හා අඩුම තරමින් යම්කිසි කෙනෙකු රැවටීමට හෝ තම ආගමික උජාරුව නිසා බුදුරුව කෙරෙහි නිගරු වන අන්දමින් හැසිරීම, පහරදීම, අවමානයට ලක් කිරීම වරදක්ය. ඒ වාගේම බුදුරජාණන් වහන්සේගේ ප්‍රතිමාවක් හෝ ඡායා රූපයක් පරණ වුවද, අළුත් වුවද, කැඩී බිඳී දිරා ගිය ලද්දක් වුවද, ශෛලමය ප්‍රතිමාවක් වුවද බුදුරුව කෙරෙහි පැවැත්විය යුතු ගෞරවය සියළු දෙනා විසින්ම පිළිපැදිය යුතුය. පොදු සම්මතය බැහැර කොට අසම්මතයෙන් කටයුතු කිරීම මහා බරපතල වරදකි. තවද එය බෞද්ධයන් හට කරන අනර්ථයකි. නොදැනුවත්මම අකුසල්ද රැස්කර ගැනීමකි.

බුදුන් වහන්සේ පිළිඹිබු කරන ඕනෑම නිර්මාණයක් බෞද්ධයෝ විසින් ගෞරවයෙන් ආරක්ෂා කරති. පුද පූජා, ගරු සැළකිලි දක්වති. එබැවින් අන්‍යාගමිකයෙක් වුවද බුදුන් වහන්සේ කෙරෙහි පැහැදීමක් නැති මිනිසෙකු හෝ ගැහැණියෙකු වුවද, තම හිතුමතයට ආගමික සැරසිලි නිර්මාණය කරන්නෙකු වුවද, චිත්‍රපටි සාදන්නෙකු වුවද, කවියෙකු හෝ කිවිදියෙකු වුවද, සංගීත කරුවෙකු වුවද බුදුන් වහන්සේ හෝ බුද්ධ ධර්මය තම නිර්මාණ තුලට කාවද්දා ගැනීමේදී කල්පනාකාරී විය යුතුය. බුදු දහම හෝ බුදුන් වහන්සේට නිගා කිරීම බෞද්ධයන්ව මානසිකව තාඩනයට, පීඩනයට ලක් කිරීමකි. තවද හිතාමතා සමාජ ආරවුල් නිර්මාණය කිරීමකි.

දෙතිස් මහා පුරුෂ ලක්ෂණ හා අසූඅනුව්‍යඤ්ජනයන් පිළිඹිබු වන ආකාරයෙන් නිර්මාණය කරන ලද ලොව්තුරා බුදුරජාණන් වහන්සේගේ අනුරුව බෞද්ධයන්හට ආරක්ෂාව දැනවීම, ධර්මය කෙරේහි සිත් පැහැදවීම, සසරින් එතෙර වීමට හා මාර පරාජයට සිත් ඇති කරවීම, අපරිමිත ශ්‍රද්ධාව සිත්තුල ජනිත කරවීම, බුද්ධාලම්භන ප්‍රීතිය ඇතිකර වීම, එදිනෙදා ජීවිතයට සෙතක් ශාන්තියක් ඇතිකරවීම, ධ්‍යාන හා සමාපත්ති වලද නිවන් සුවයේ ඇති පරම නිර්මල ශාන්ත බව ලෝ සියළු දෙයට වඩා අගනා බව බුදුරුව දැකීමෙන්ම දැනේ. තවද විවිධ අවස්ථා වලදී බොදු සිත් තුල ජනිත වන බිය ප්‍රහාණය වීම ඇතුළුව තවත් කී නොකී බොහෝ දෑ බොදු සිත් තුල ජනිත කරවීමට ලොව්තුරා බුදුරජාණන් වහන්සේගේ රුව සමත්ය. එය එසේ වන බැවින් බෞද්ධයන් හට පෙනෙන ආකාරයෙන් බුදුරජාණන් වහන්සේගේ පිළිරුවක් හෝ ඡායා රූපයක් විකෘති කොට දර්ශණය කිරීම, කුමන්ත්‍රණකාරීව හිතාමතා ආධුනික චිත්‍රකරුවන් විසින් විකෘති කොට අන්දවා පහසු මිළ ගණන් යටතේ විකිණීම, උස් ස්ථානයක නොතබා පාර තොටේ බිමදමා විකිණීම, බුදුරුව පාග පාගා, උඩින් පැන වෙළදාම් කිරීම, පඩිපෙළවල් යට එල්ලා තැබීම, මේස පුටු යට හෝ නානකාමරවල එල්ලා තැබීම, තණකොළ ඇති පිට්ටනි මත

ඇතිරීම, මිෂනාරී බලවේග මගින් කුමන්ත්‍රණකාරිව ආගම් මාරු කිරීමට සැලැස්වීමේදී, බුදුන්ගේ අනුරුව කිරිබත් වලින් සාදා ආගම් මාරුවේදී එම කිරිබත් බුදුන්ගේ මස්කියා ආගම් මාරුකරන්නාට කැවීමට සැලැස්වීම, බුදුන්ගේ රුව විස්කෝතුවකට ඔබ්බවා කුඩා දරුවන් හට කැවීමට සැලැස්වීම, බුදුන්ගේ ලේ කියා රතු වයින් බීමට සැලැස්වීම, කාන්තා යට ඇඳුම් වලට බුදුරුව උපුටා ගැනීම, බුදුන්ගේ අනුරුව ඇති ඉටිපන්දම් සෑදීම, වෙනත් ආගමික පොත්තුල ලියා තබා ඇති ලෝකය වනසන සාතන් නැමති යක්ෂයාට අති පාරිශුද්ධ වූ අති නිර්මල වූ අසමසම වූ බුදුරජාණන් වහන්සේ සමාන කිරීම, බුදු පිළිම කඩා බිඳ දැමීම, විවිධ චිත්‍රපට, ගීත, නාටක සාදා බුදුරජාණන් වහන්සේට අපහාස කිරීම, ලිපි ලේඛන මඟින් හා බහු ආගම් කොලොප්පම මගින් ලොව ප්‍රාථමික ගණයේ ශාස්තෘවරුන් බුදුන්වහන්සේට සමාන කිරීම, මස් කඩ අසල, මාළු වෙළඳපලවල් වල, හරක් මඩු තුල, විෂ ද්‍රව්‍ය, සත්ත්ව වෙළදාම, ආයුධ සාදන කර්මාන්ත වලට, සුරාපාන වර්ග වලට, කෑමකට බීමකට, නම් තැබීමට ලොව්තුරා බුදුරජාණන් වහන්සේ උපුටා ගැනීම හුදෙක් හෙළ බෞද්ධයන් වන අප හට විරුද්ධව කරනා කුමන්ත්‍රණයකි, කෙනෙහිලිකමකි, බුදු දහම තුරන් කිරීමට ගන්නා උත්සහයකි.

ලොව්තුරා බුදුරජාණන් වහන්සේ තුන් වරක් වැඩි නව වරකට වඩා හෙළ රජ දරුවන් විසින් බුදුන් වහන්සේ උදෙසාම ඉර හඳ පවතින තාක්කල් පූජා කළ පුන්‍ය භූමියේ (ලක් දරණී තළය මත) සිටම, යැපෙමින්, තමා භුක්ති විඳිමින්, යදිමින් මිත්‍යා දෘෂඨිකයන් කරන්නාවූ බුදු රජුන්ට, දහමට, සඟුනට එරෙහි කුමන්ත්‍රණ මැඩ පැවැත්වීමට එකසිතින් ප්‍රාර්ථනා කරගමු.

පහළින් ඇති බුද්ධ රූපය දෙස විචක්සන බුද්ධියෙන් බලන්න. බුදුන්ගේ ශ්‍රී ශරීරය විද විදුලි පහන් ඔබ්බවා ඇති අයුරු මෙවන් ආකාරයේ නිර්මාණ තරයේ ප්‍රතික්ෂේප කරන්න.

රැට මතුවෙන අපාය

සහනයෙන් අසහනය කරා පිය මැනීම සඳහා දිරිදීමට සිත් ඇත්තෝ රාශියක් ලහි ලහියේ නොයෙකුත් මාධ්‍ය වැඩසටහන් සිංහල බෞද්ධයා හට ඉදිරිපත් කරමින් සිටී. සංඛ්‍යා ලේඛණාත්මක විග්‍රහ වලින් පිරුණු එම අපචාරාත්මක වැඩසටහන් වලට නම්බු නාම දීමට, සම්මාන දීමට තෑගි හෝග ලබාදීමට නොයෙකුත් දෙස් විදෙස් ව්‍යාපාරිකයන් එකතු වී සිටිති. දුරාචාරය ඇති කිරීමට දුරාචාරය මැඩපැවැත්වීමේ තේමා රැගෙන ද, අපචාරය ඇති කිරීමට අපචාරය නැති කිරීමේ තේමා රැගෙන, සිනමා චිත්‍රපට සිය ගණනින් බිහි වී ඇත. හොඳින් හෝ නරකින් ලොව ඇති යහපත් සංස්කෘතීන් සියල්ල විනාශ කිරීමේ අරමුණින් නිෂ්පාදිත ටෙලි නාට්‍ය, ගීත නිබන්ධන, චිත්‍රපට සම්භාව්‍ය යයි කියන විද්‍යුත් ටීකාවන් සකස් කරන්නන්ගේ අරමුණ වන්නේ වැඩි වැඩියෙන් සිංහල බෞද්ධකම කෙලෙසා සතුටක් ලැබීම නොවේද?

පුතාට,දුවට, මවට හා පියාට එකට හිඳ බැලිය නොහැකි නව නාඩගම් වලින් පිරුණු අසභ්‍ය හිඳීම්, හිටීම්, ඇවිදීම් ඇති සිනමා නළු නිළියන් දැකීමෙන් අද අප සන්තාපයට පත්වී සිටින්නෙමු. නළුවෙකු හෝ නිළියෙකු විය යුත්තේ අපචාර පැතිරීමට නොවේ. හුදෙක් සම්භාව්‍ය විද්‍යුත් කෘතීන් (ටෙලිනාට්‍ය, චිත්‍රපට ගීත) එළිදක්වා මිනිසුන් හට යහපත් සංකල්ප දැරීමට දිරි දීමටය. එදා පැරණි සම්භාවනීය නළු නිළියන් කළේ රඟපා පෙන්වීමය. (තම දක්ෂතා ප්‍රදර්ශනය කිරීම.) නමුත් අද වන විට ජාතියේ අවසානාවකට සමහර නළු නිළියන් පෙන්නලා රඟපාති. (මොවුන් ප්‍රදර්ශන කාමුකත්වයෙන් පෙළෙති.) මේ උඩු යටිකුරු වූ නළු නිළි අර්ථය හුදෙක් තම අඟ පසඟ ජනයා හට ප්‍රදර්ශනය කිරීමට උත්සාහ කිරීමක් බව පැවසිය යුතුය.

දර්ශන කාමුකත්වයෙන් හෝ ප්‍රදර්ශන කාමුකත්වයෙන් පෙළෙන නිෂ්පාදකවරුන් රාශියක් සිටිති. තම ළමා දිවිය නිසියාකාරව ගත නොකිරීම නිසා හෝ යහපත් නොවන මානසිකත්වයෙන් පෙළෙන නිසා හෝ ළමා ලපටි, වැඩිහිටි කොයි කවුරුන් හෝ හැසිරිය යුතු සාමාන්‍ය පිළිවෙත වෙනස් කිරීමට (සදාචාරාත්මක ඇවතුම් පැවතුම්) දඟලන්නෝ රාශියකි. නිරුවත ආදර්ශයක් කර ගැනීම හා හෙළුව තුළින් ලෝකය දිනිය හැකිය යන සංකල්ප ද නළු නිළි ලෝකයේ අති සුන්දර යන පුහු මත ද දෛනිකව නිර්මාණය කිරීමට රූපලාවන්‍ය ද්‍රව්‍ය වලට මුලා වී ඉහත කී පුද්ගලයන් කුමන්ත්‍රණයක යෙදෙති. නිළිය නාකි නොවී සිටීමට කල්පනා කරන අතර නළුවා වයස්ගත වීමත් සමග ස්වභාවයෙන් පිරිහෙන කාය ශක්තිය, දුර්වල බව සැඟවීමට උත්සාහ කරයි. ආටෝප සාටෝපයන්ගෙන් පිරුණු චින්තනය කරපින්නා ගැනීමෙන් ද ආදායම් කෙසේ හෝ උපයා ගැනීමට යාමෙන්ද වර්තමානයේ සිටින නළු, නිළියන් දහස් ගණනක් අනාථ වී සිටි (නිළියන්) කාමාතුරයන් අතට පත් වී සිටී. නළුවන් විවාහ ජීවිතය කඩාකප්පල් කරගෙන සිටිති.

නළුවෙකු හෝ නිළියකු වීම ජීවිත යථාර්ථ සිද්ධි (වෘත්තිමය වශයෙන්) සඵල කර ගැනීමට බාධාවක් වේ නම් එය තම වෘත්තිය වුවද, අත්හල යුතුය. එසේ නොහැකි නම් කාමාතුරන් අතට පත් නොවී තම පවුල කඩාකප්පල් කර නොගත් නළු නිළියන් දෙස හැරී බලා ඔවුන් ආදර්ශයක් කර ගත යුතුය. ධනය තිබීමෙන්, බලය තිබීමෙන් ප්‍රසිද්ධිය තිබීමෙන් සාක්ෂාත් කරගත නොහැකි ජීවිත යහසිද්ධි රාශියක් තිබේ. අලංකාරව පිරිසිදුව වාසය කල යුත්තේ සමාජයම යුතුකමක්

වශයෙනි. අනෙකාව වශී කර ගැනීමට අඩ නිරුවතින් වාසය කිරීම වනචාරීන් අතර පවා සිදු නොවූ කටයුත්තක් බව දැන ගත යුතුය. බටහිරට යථාර්ථයක් වන බොහෝ ධර්ම (හෙළ බිමට) අශීලාචාර මුග්ධ ධර්ම වේ. කාමය වරදවා හැසිරීම, නිරුවතින් ප්‍රසිද්ධියේ ගමන් බිමන් යාම, සමලිංගික විවාහ යනු මනුෂ්‍යත්වය කෙලෙසෙනා උසස් ශිෂ්ඨාචාරයක් හිමි මානවයන් අගාධයට රැගෙන යන අධර්ම වේ. බටහිරයන් විසින් පවත්වනු ලබන ඉහත කී අධර්ම නිසා යුරෝපය හා ඇමරිකාවේ සිටින සමහර මිනිස් ජීවිත විනාශ වී ඇති අතර උසස් යැයි කියා ගන්නා බොහෝ රටවල ළමා ළපටි වයසේ ගත වන දරු දැරියන් රාශියක් දෛනිකව දූෂණයට ලක් වේ.සෑම පැයකදීම (ලිංගික අපචාර) බිළින්දෙක්, බිළින්දියක් ළමා ළපටියෙක් හෝ මහල්ලෙක් හෝ මහැල්ලක් තම ජීවිතය තුළින් කාමාතුරයන්ට වන්දි ගෙවයි. බටහිර චින්තනය කරපින්නා ගත් වැසියන් අප රට තුළ වැඩිවෙමින් පවතින බැවින් ගණිකා නිවාස, ළමා අපචාර, ස්ත්‍රී දූෂණ අප රටතුළද වැඩිවෙමින් පවතී.

විච්චුරණ ඇඳුම් (අඟ පසඟ පෙනෙන කාමුකත්වය ඉස්මතු කරන) පැළඳුම් ඇඳීම තුළින් හා තම කෙස් මරණ මොහොත වන තෙක් කළු බව ඔප්පු කිරීමට උත්සාහ කරන උස මහත නළු, නිළි අර්ථය සමාජය නොමග යැවීමට බොහෝ සේ බලපායි. රූපවාහිනී අද (ටීවී චැනල්) 'කාමවාහිනී' බවට පත්වී ඇත. මෝහිනී (අන්‍ය මිනිසුන් වශී කර ගන්නා අවතාරයක්) රජවී ඇති අතර කළු කුමාරයා (කාන්තාවන්ට ලොල් ඇති අවතාරයක්) මොහිනී පස්සේ දුවමින් සිටියි. ඉංග්‍රීසි හෝඩියේ සෑම අකුරකින්ම පටන් ගන්නා රූපවාහිණි උදාහරණ (A,B,C,D) ආයතන විශාල ප්‍රමාණයක් තිබේ. ගණිකාවියන්ගේ පුහු ජීවිත අර්ථවත් භාවයකින් යුක්ත ආඩම්බර ආඪ්‍ය, සැප මිසක දුක නැති බව අර්ථ ගැන්වීමට, ඉරෙන් පහළට පනිනා පොළොවෙන් හඳට (උඩට) පනිනා නළු නිළියන් උත්සහා ගනිති. සදාචාරයට ඉහළින්ම තැන දෙන අප රට තුළ නිරුවත ප්‍රසිද්ධියට පත් කිරීම තහනම් වුවත් එම නීති රීති කඩා බිඳ දැමූ කෙටි වීඩියෝ දර්ශන ළමා ළපටින් කාගෙත් නිවෙස් තුලට ලංවී ඇත. මෙය සිංහල බෞද්ධයන් වන අප ලද අභාග්‍යයකි, ඛේදවාචකයෙකි, විනාශයකි. ශිෂ්ඨ සම්පන්නව විසීමට ලොව වෙනත් ජාතීන් අභිනවයෙන් (අළුතින්) උත්සාහ කරද්දී ශිෂ්ඨ සම්පන්නව විසූ අප දිව යන්නේ කුමන සංස්කෘතියක් වැළඳ ගැනීමටද? සුපර්මෑන්ලා, බැට්මෑන්ලා, හැරී පොටර්ලා, මිස්ටර් බීන්ලා වෙතින් සමාජයට වන අනතුරු අවම වන අතර කරුමයකට සුපර්ස්ටාර්ලාගෙන් සමාජයට වෙන අනතුරු වැඩිවී තිබේ. කණ්ඩායමක් පොහොය වැඩසටහන්, අධ්‍යාපනික වැඩසටහන් පවත්වන අතර තවත් කණ්ඩායමක් මෝහිනිය හා කළුකුමාරයා රජ කරවමින් සිටි. පැය 24 ක කාලය තුල දිව්‍ය ලෝකය පහල වීමද එය නිරුද්ධ වීමද (සාරධර්ම සහිත වැඩසටහන්) අපාය (මෝහිනී හා කළු කුමාර ලෝක) එනම් අසාර වූ සංකල්ප සහිත එදිනෙදා ජීවිතය හැල හැප්පීම් වලට හා විවාහය කඩාකප්පල්වීම් වලට හා සමාජ ජීවිතය බිඳ වැටීම් වලට තුඩුදිය හැකි පසුබිම් රජ වෙමින් පවතී. ශිෂ්ඨාචාරයක් මුලුමනින්ම විනාශ කිරීමේ බලයක් ශ්‍රව්‍ය දෘශ්‍ය මාධ්‍ය වලට තිබේ. එබැවින් ප්‍රවේශම් සහිතව අප කුමන හෝ මාධ්‍යයක් භාවිතා කළ යුතුය. අප රට විනාශ කිරීමට (හෙළ බොදු ශිෂ්ඨාචාරය) කැමැත්ත ඇති හතුරන් අවියක් ලෙස වැඩියෙන්ම ප්‍රයෝජනයට ගන්නේ සෑම නිවසකම පාහේ තිබෙනා රූපවාහිනී පෙට්ටියයි.

අනුන්ගේ සංස්කෘතික ගති පැවතුම්, සිරිත් විරිත්, ගීත නාට්‍ය, ආදරය ප්‍රකාශ කිරීමේ සංකල්ප පුහු ආටෝපයන්ගෙන් බහුල ඒවාය. සරල ජීවනක්‍රමයක් සහිත සිංහලයාගේ චාරිත්‍ර වාරිත්‍ර සරල වන අතර ආදරය ප්‍රකාශ කිරීම ද පුහු ආටෝප සාටෝපයන්ගෙන් තොර වේ.

එබැවින් 'නිර්මාණ' යන හුදු සංකල්පය පෙරට දමාගෙන කරන මෙම නාඩගම නැවැත්විය යුතුය. එසේ නොවන්නේ නම් ජනතාව හෝ එය ප්‍රතික්ෂේප කිරීම අත්‍යවශ්‍ය වී පවතී.

හොඳ හා නරක අතර වෙනස තෝරා ගැනීමට කථාවක් දෙසට හැරෙමු.

දිනක් එක්තරා දෙවියෙකු මනුලොව පැමිණ තරඟයක් පැවැත්තුවේය. එහිදී මනුෂ්‍යයන් හට දිව්‍ය ලෝකයට යාමට හෝ අපායට යාමට තරඟයෙන් පසු තෝරා ගැනීමට හැකි වේ. ඕනෑම පුද්ගලයෙක් පරීක්ෂණ දෙකටම සහභාගි විය යුතු අතර අවසානයේ තම ගමනාන්තය තෝරා ගත හැකිය. ප්‍රථමයෙන්ම දිව්‍ය ලෝකයට යාමට පරීක්ෂණයට ලක්වූ මිනිසා හට සහභාගි වීමට තිබූ වැඩසටහන් අතර දින ගණන් භාවනා කිරීමටද, නිතිපතා පන්සිල් රැකීමටද වැඩිහිටියන් රැකබලා ගැනීමටද, මවට පියාට සැලකීමටද, බුදුන් වහන්සේට ආමිෂ හා ප්‍රතිපත්ති පූජා කිරීමටද විය. සතියක් පුරාවට තිබූ එම වැඩ සටහන් අවසානයේ අපායට යාමේ පරීක්ෂණය තිබුණි. එහිදී එක්වරම දොරකින් ඇතුල්වුන අතර ගීත ගයමින්, නටමින්, විනෝද වෙමින් කෙටි ඇඳුම් විලාසිතා වලින් සැරසී සිටිනා 'කැරොඕකේ' රැගුම්හල් තිබුණු අතර තාරුණ්‍යය අති උත්කර්ෂවත් ලෙස ගත කිරීමට අවශ්‍ය සෑම පහසුකමක්ම සලසා තිබුණි. දින හතක කාලසීමාවෙන් පසුව දෙවියන්ගේ පරීක්ෂණ දෙකටම මුහුණ දුන් මිනිසාගෙන් දෙවියන් අසා සිටියේ 'ඔබ තෝරාගන්නේ දිව්‍ය ලෝකයද අපායද කියාය? සිනාසුණු මිනිසා මහා සතුටකින් ඉපිලී යමින් දෙවියන් හට කියා සිටියේ 'මොන පිස්සුද' මොන දිව්‍ය ලෝකයක්ද මම යන්නේ අපායට කියාය. නැවතත් දෙවියන් විසින් ඇසුවේ ඔබ තෝරාගන්නේ කුමක්ද? කියාය. එවිට මිනිසා 'මම දැන් එක සැරයක් කිව්වනේ මම යන්නේ අපායට කියලා'.

දෙවියන් තුෂ්ණිම්භූතව බලා සිටි අතර ඉබේම අපායේ දොර විවෘත විය. සතුටින් ඉපිලී ඉපිලී සිටි මිනිසා දුවගෙන ගොස් දොර තුලින් ඇතුල් විය.(දොර වැසුණේය.) නින්දෙන් පිබිදෙන්නාක් මෙන් සතුටින් වටපිට බැලූ ඔහු දුටුවේ මහලු කාන්තාවන්, සැරයටියේ වාරුවෙන් එහා මෙහා ගමන් බිමන් යන මහල්ලන්,මැහැල්ලන් ජාති, ජරා, ව්‍යාධි, මරණ යන දුක් ගිනි වලට මැදි වූවන්, පවුල් කඩාකප්පල් කරගත්, අඬදබර වන ගැහැණු හා පිරිමින් සිටින පරිසරයක් ය. හදිසියේම දුටු අපාය තුල පැවති බේදවාචකය දුටු ඔහු දුක් ගිනි උහුලාගත නොහැකිව ළඟින් ගමන් කල මහලු කාන්තාවකගෙන් අසා සිටියේ කොයි මෙතන තිබුණු දිව්‍ය ලෝකය? කියාය. ඇය මොහු දෙසට හැරී පැවසුවේ 'එනකොට ඔහොමයි, පස්සේ මෙහෙමයි කියාය' අධික ආශාවන් පසුපස මෙහෙය වූ මිනිසා හැරී බැලුවේ දිව්‍ය ලෝකයට යාමටය නමුත් ඒ වන විට දොර වැසී තිබුණි.

ඉහත ඡේදය තුලින් පැවසූ කථාව හුදෙක් සංකල්පනාවක් වන අතර එම කතාව ආශ්‍රයෙන් දැනගත හැකි බොහෝ කරුණු තිබේ. සහනයෙන් අසහනය කරා ඔබව යොමු කිරීමට උත්සහ කරන්නවුන් ඔබව අසහනයට ලක් කිරීමට, අපාගත කිරීමට නිර්මාණය කළ අපාය වර්ජනය කිරීමට පෙළඹෙමු (ඉවත ලෑමට) යහපත් වැඩසටහන් (ශ්‍රව්‍යදෘශ්‍ය) නිෂ්පාදනය කිරීමටත්, අයහපත් සංස්කෘතීන්ගෙන් බොදු අප බේරා ගැනීමටත්, අප සමාජ ජීවිතය, විවාහ ජීවිතය, ලිංගික ජීවිතය, අධ්‍යාත්මික ජීවිතය ආරක්ෂා කර දීමට හැකි සංකල්ප සහිත විද්‍යුත් ටීකාවන්ට ආ වඩමු.

කොටි හිතවත්තු සහ මහා බලවත්තු

- කොටියන් විසින් ස්තූප සෑදීමට විරුද්ධ වන්නේ මන්ද එය බෞද්ධ විරෝධයක් නොවේද?

- කනගරායම් කුලමේ ඉදිවන මහා දාගැබකට විරුද්ධව ප්‍රකාශයක් කරන මල කොටි අන්තර්ජාල අඩවිය කියා සිටින්නේ ජන ඝාතක ශ්‍රී ලංකාව විසින් ඔවුන්ගේ අන්තර්ජාතික හවුල් කරුවන් සමග එක්වී සුවිශාල දාගැබ් තනන්නේ (Eezham Tamil) ඊසම් ටැමිල් (අලුත් දෙමළ ජන වර්ගයක්) නව ජන වර්ගයට අසාධාරණයක් වන ලෙස බවය. එය කෙසේ ද යතහොත් යුද්ධයකින් සාපලත් ඊසම් ටැමිල් වන ජන වර්ගය රෙද්දකින් තැනූ කූඩාරමක සිටින විට පාන් හා කිරි පිටි ලබාදී ඔවුන් වෙත දියුණුවේ අයිතිවාසිකම ද රජය විසින් ලබා නොදී මෙම කුමන්ත්‍රණය හමුදා ව අතින් දියත් වන බවය.

- කිලිනොච්චි ප්‍රදේශයේ මාර්ගවලට අලුත් නම් තැබීමට ද මොවුන් විරුද්ධ අතර අතිගරු ජනාධිපති මහින්ද රාජපක්ෂ මහතාගේ නමින් හා 'අලුත් පාර' නමින් නම් කෙරූ මාර්ගවල නාම පුවරු සඳහා විශේෂ කැමැත්තකින් යුතුව සොල්දාදුවන් ආරක්ෂා කරන බවය.

- සුද්දන් සමග පැමිණි මේ කම්කරුවන් උතුරේ තිබුණු සිංහල ගම්මාන සියල්ල හට දෙමළ නම් තැබුවේ සුද්දන්ගේ සහාය ඇතුවය. සිහළ රටේ ගම්මාන නාම තම ස්වාර්ථය සඳහා වෙනස් කල කුමන්ත්‍රණ සිහළ අප විසින් හඳුනාගෙන ඇත.

- දැනට දෙමළ ගම්මාන වල දෙමළ නාමයන් විග්‍රහ කිරීමට දෙමළ ප්‍රවීනයන් හටවත් බැරිය.

- ද්‍රවිඩ සන්ධානය තවත් පැමිණිල්ලක් 'පාරම්පරික ද්‍රවිඩ ප්‍රදේශවල බෞද්ධ විහාර ඉදිකරනවා උතුරු නැගෙනහිර ඉඩම් ඩැහැ ගන්නවා සතුටුදායක තත්ත්වයක් ඇතිවීමට නම් අපට පරිපාලන බලය දිය යුතුයි.

- රජය සියලු ජනතාවට සමානව සලකයි. නමුත් සිංහල බොදුනුවන් වන අප ඊට විරුද්ධ නැත. නමුත් නයින්ට කිරි පෙවීම භයානක බව ද අපි දනිමු.

- මෑත කාලයක රණවිරුවන් සැමරීමේ උත්සවයේදී පවා අතිගරු ජනාධිපතිතුමන් පැවසුවේ ලද නිදහස සියළු ජාතීන් ලද නිදහසක් බවය.

- තවමත් සිහළ බොදු ඝාතකයන් සැගවී සිටී.

- විදේශයන් හි සිටින කොටියන්ට 'ඉ නිවුස්'ලබා දෙන්නන්ද අත්අඩංගුවට ගත යුතුය.

- සිංහල අපි 'එන්.ජී.ඕ.' වහලුන් නොවෙමු.

- රාජ්‍ය නායකයන්ට සහයෝගිත්වය දෙන අතර දේශපාලනය තුල සැගවී සිටින සිහළ බොදු ඝාතකයන් දෙස ද බලා සිටිමු.

- අනවසරයෙන් පන්සල් ඉදිවෙන බවත් අනවසර පල්ලි කෝවිල් ගැන කතා නැති කොටියන් සහ උන්ට කිරිපොවන 'එන්.ජී.ඕ.' කිසිදාක විශ්වාස නොකරමු.

- සියලු ආශාවන් සපුරාගැනීමට සියලු දෙනාටම දී හිසට වහලක් නැතිව දුක් විඳින සිංහල ජාතිකයන් විශාල පිරිසක් පැල්පත්වාසීන් ලෙස තම මවු භූමියේම ජීවත්වීම කෙතරම් අසාධාරණයක්ද?.

- යාපනයේ නගරයේ වීදියක තිබූ 'බණ්ඩා බේකරියට' සිදුවූ දේ කුමක්ද? එහි තැනූ 'යාල් දෙවි බිස්කට්' අපේ දේශපාලකයින්ට හා දෙමළ සම්බන්ධකාරයින්ට අමතකද?.

- යාපනයේදී සිදුවූ දොරේ අප්පා ඝාතනය පිටුපස සිටියේ කොටි විතරද?දෙමළ දේශපාලනය ඊට සම්බන්ධ නැතිද?

P. Nedumaran with Prabakaran,
somewhere in northern Sri Lanka
in a file photograph

- ජයලලිතාගෙන් දිගටම කොටින්ට උදවු ඇය තවමත් කොටි කොඩිය වනයි.

- කරුණානිධි ශ්‍රී ලංකාව දෙකඩ කිරීම සඳහා ප්‍රකාශයක් 'ද්‍රවිඩ ඊළාම්' රාජ්‍යය ආරම්භ කිරීම සඳහා ජනමත විචාරණයක් පවත්වන ලෙස එක්සත් ජාතීන්ගේ සංවිධානය වෙත බලපෑම් කළ යුතු බව සඳහන් කළේය.

- චෙන්නායිහි ත්‍යාගරාජා ශාලාවේදී ප්‍රභාකරන් මිනීමරුවා වර්ණනා කෙරෙන ග්‍රන්ථයක් එළිදැක්විනි. මෙහි රචකයා ප්‍රභාකරන්ගේ සමීපතම සගයකු වන පාෂා නෙඩුමාරන් ය.

- හිටපු ඇමරිකානු මැරීන් බළකායේ සෙබළකු වන ටීම් කිං නැමැත්තා කොටි අරමුදල් මත ක්‍රියාත්මක වන බව හෙලිවී ඇත. ඔහුගේ බලාපොරොත්තුව වන්නේ ත්‍රිකුණාමල වරායේ අනාගත අයිතිකරු වීමටද?

- ඇමෙරිකානු ජනාධිපති වන නිග්‍රෝ ජාතික සම්භවයක් ඇති ඔබාමා හා ඉන්දියානු වයිකෝ අතර සම්බන්දතාවයක් තිබේද?

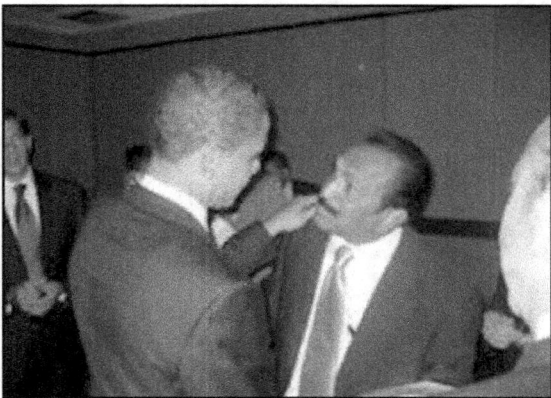

ඡායාරූප උපුටා ගැනීම: පකිස්තාන් රාජ්‍ය ආරක්ෂක අමාත්‍යාංශයේ නිල වෙබ් අඩවියෙන් හා හින්දු පුවත් පත මගිනි.

ඔබාමා දැක මහත් ප්‍රීතිවෙන වයිකෝ ඔවු අපට පුළුවන් පොත චිකාගෝ වලදී පෙන්වයි. (ඔබාමාගේ චරිතප්‍රදානය ඇතුලත් පොතක්)

VAIKO'S LTTE LINK?
SL GOVT RELEASES PHOTOS
DECISION 09
'I STAND BY COMMENT'
TIMES NOW
16 Phase 1: April 16, Phase 2: April 23, Phase 3: April 30 Phase 4 on

වයිකෝ හා පිරිබාහරන්, වයිකෝ මෙම අවස්ථාවේ ඇඳ සිටින්නේ ත්‍රස්තනායකයාට සමාන යුධ ඇඳුමකි.

2012 සැප්තැම්බර් 21 සිකුරාදා

වයිකෝ සහ ඔහුගේ පිරිස ජනපතිදුන්ගේ රූපය ඇතුලත් පත්‍රිකා 1000 ක් ගිණි තැබීම.

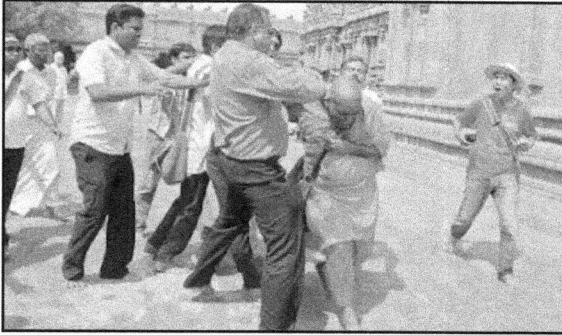

ශ්‍රී ලාංකීය භික්ෂුන්ට ඉන්දියාවේදී ප්‍රහාර එල්ල කිරීම.

- පලස්තීන නායක අබ්බාස් ශ්‍රී ලංකාවේ සංචාරයක නිරත වූ අතර ඔහු මෙරටට පැමිණෙන අවස්ථාවේ ඊලාම් ආණ්ඩුව නැමති ව්‍යාජ සංවිධානයේ නායක විශ්වනාදන් රුද්‍රකුමාරන් නැමති යුධ අපරාධකරුවා සන්දේශයක් යවමින් ශ්‍රී ලංකාව සිදුකළ යුධ අපරාධ ගැන ශ්‍රී ලංකා ජනාධිපතිවරයාගෙන් ප්‍රශ්ණ කරන්නැයි ඉල්ලා ඇත.

මුස්ලිම්වරුන්ට එල්.ටී.ටී. ප්‍රහාරයක්

- ඉන්දිය විරුද්ධ පක්ෂ නායිකා සුෂ්මා යුවරාජ් ද රජය වෙතින් ඉල්ලීමක් කරමින් ද්‍රවිඩයන්ට 13 වැනි සංශෝධනය දිය යුතු යැයි සඳහන් කරනු ලැබීය. එය සිංහල රටේ මළගම වෙනත් ආකාරයකින් ඉල්ලීමකි.

- ඉන්දිය රජිවු ඝාන්ධි ඝාතකයන් තමිල්නාඩුව විසින් ඔසවා තබන්නේ ඉන්දියාවත් අනාගතයේ දෙකඩ කිරීමේ අරමුණෙන් නොවේද?.

රජිවු ඝාතනය ඔහු විසින්ම ගංජා, අබින් බී කරගත් සියදිවි හානිකරගැනීමක් කියා පතුරන http://www.tamilnet.tv ඡායාරූපය

එල්.ටී. ටී. ය විසින් රජිවු ඝාන්ධි ඝාතනය කිරීමට මොහාතකට පෙර

- ශ්‍රී ලංකාවේ ප්‍රසිද්ධ පුද්ගලයින්ගේ නම් සහ ලිපිනයන් උපයෝගී කරගෙන පිටරට සිට මත්ද්‍රව්‍ය පාර්සල් එවීමේ සූක්ෂම සැලැස්මක් පිළිබඳව පරීක්ෂණ පැවැත්වීමට ශ්‍රී ලංකා පොලීසිය ජාත්‍යන්තර පොලිසියේ සහාය පතා ඇත.

- ජනප්‍රිය සිනමා නිළි ඇන්ජලා සෙනෙවිරත්න මහත්මියගේ නමින් ඇය පදිංචිව සිටි කොල්ලුපිටියේ නිවසට බ්‍රිතාන්‍යයේ සිට එවනලද මත්ද්‍රව්‍ය (කොකේන්) පාර්සලයක් තැපැල් හුවමාරු මධ්‍යස්ථානය මගින් මත්ද්‍රව්‍ය නාශක අංශයට භාරදී ඇත.

- මත්ද්‍රව්‍ය ජාවාරම්කරුවන් විසින් ආරම්භ කරනු ලැබූ නව සැලැස්මක් විය හැකි බවද පොලීසිය විශ්වාස කරයි. නමුත් අපගේ විශ්වාසය නම් මෙහි පිටුපස කොටි නඩය සහ එන්.ජී.ඕ. සිටින බවයි.

- පිරිබාහරන් අහිංසක මිනිසෙකු යයි ටැමිල්නෙට් ටී.වී. යන වෙබ් අඩවිය ප්‍රකාශ කරයි.

- ඉන්දියාවේ අවුරුදු 850 කට පෙර සිට දෙමළ වැසියන් සිටියත් ඔවුන්ට තාම ඇත්තේ තමිල්නාඩු ප්‍රාන්තයක් පමණි. නමුත් අප රට තුල වෙනම රාජ්‍යයක් බිහි කිරීමට කැස කවන්නේ බලවතුන්ගේ දුර්වලතා නිසාද?.

- නෝර්වීජියානුවන් 76 ක් ඝාතනය කිරීමත් ඔස්ලෝහි අග්‍රාමාත්‍ය කාර්යාලය වාහන බෝම්බයකින් පිපිරවීමක් සිදු කළ ඇන්ඩ්‍රස් බ්‍රේවික් නමැත්තා අධිකරණය හමුවේ පැවැත්වූ දේශනයේ අඩංගු වූ කරුණු වලින් සනාථ වූවක් වූයේ නෝර්වේ රාජ්‍යය මෙරටට සිදු කිරීමට ගිය ක්‍රමවේදයන්ය. ඒ මෙරට ද බහු වාර්ගික හා බහු සංස්කෘතියක් දියත් කිරීමයි.

අන්තවාදී ක්‍රිස්තියානි සංවිධානයකට සම්බන්ධ ඇන්ඩර්ස් බේරින් බ්‍රේවික්

කොටි හිතවත්තු සහ මහා බලවත්තු යන දෙකොටසම යන්නේ එක දිශාවක් කරාය. එනම් යුද්ධයෙන් පරාජය කල කොටි සංවිධානය නැවත ඇති කිරීමට අවශ්‍ය මනෝ මූලික සාධක නිර්මාණය කිරීමටය. දිනපතා පලවෙන පුවත්පත් දෙස බැලීමෙන් පෙනී යන්නේ යුද්ධය ඉවර වී වර්ෂ ගණනාවක් වුවත් තවමත් කොටි ප්‍රශ්නය ඉවර වී නැති බවය. අප උගත් පාඩම් හෙවත් අප උගත් ගොන් පාඩම් කොමිසමෙන් (සිංහල සමාජය විසින් දැනට එල්.එල්.ආර්.සී. කොමිෂම හඳුන්වන නාමය) මහත් වූ හානියක් අප රටට කර ඇත්තේය. එය කොතරම් ද යතහොත් අප රට ජාත්‍යන්තර උසාවි කරා දැක්වීමේ ප්‍රවණතාවයක් මෙම ගොන් පාඩම් වාර්තාව මගින් ඇති කර ඇති බැවිනි. කොටි හිතවත්තු සහ මහා බලවත්තු මෙය විවිධ ලෙසින් අර්ථ දක්වති. එකෙකුගේ හොඳයයි ද තවකෙකු මෙය මදි යැයි ද, අතරමැදියෙකු හොඳ නරක දෙකම ඇති යයි ද යන මතය පළකරයි. නමුත් සිංහල අපගේ මතය වන මෙම කොමිෂම විසින් හිතා මතාම අපරට සිංහල බෞද්ධ රටක් හා එය ඉර හඳ පවතිනතාක් කල් උරුම සිංහලයන්ට පමණයි යන කාරණය හිතා මතා ම යටපත් කොට ඇති බවය. තවද ඕනෑම ජාතිකයෙකුට හිතූ මතේට පදිංචි විය හැකි ලෝකයේ තිබෙන එකම රට බවට ද පත් කොට තිබේ. (බහු ජාතික, බහු ආගමික වලිප්පුවට අයිති.)

සොහොනක මලමිනිසෙකු මිහිදන් කිරීමට නම් අඩුම තරමෙන් සොහොන් පල්ලාගෙන් වත් අවසර ගත යුතුය. නමුත් අවසරයක් නැතිව බලහත්කාරයෙන් අනුන්ගේ මිනීවළවල් හාරා උඩට විසික්කොට අහකට දමා (සිංහල බෞද්ධ අපගේ) අගෞරව කොට තම තමන්ගේ මළමිනී බලහත්කාරයෙන් අප රට තුළ මිහිදන් කිරීමට ක්‍රියාත්මක වීම සිංහල අපගේ දේශය අක්‍රමිණිකයාගේ ග්‍රහණයෙන් බේරා ගැනීමට දිවි පිදු අතීත මුතුන් මිත්තන්හට ද කෙරෙනා නිග්‍රහයක් බව ලොවට කියන්නට අප කැමැත්තෙමු. සිහළ දේශය යනු හිතුමතේට මිනිසුන් පදිංචි කිරීමට තිබෙන පාළු සොහොන් පිට්ටනියක් නොවෙයි. එය සිහළ අපගේ මාතෘ භූමියයි. එය අපේ නිත්‍යය ජන්ම භූමියයි.

තමිල් නාඩුවේ සිටින දෙමළ ජාතික හිතවාදියාද, අප රට තුළම පෝෂණය ලබමින් සිටින තමිල්නාඩුවේ සිට සුද්දන් හා එක්ව බඩගින්න නිවාගැනීමට හා මිනිසුන්ගේ පැවතගෙන එන දෙමළ දේශපාලනය දැන ගත යුත්තේ එකම දෙයකි. එනම් සිංහල බෞද්ධයන් හට වින කැටීම සිදු කළහොත් එය මේ අත් භවයේම පලදෙන පාපකර්මකයක් බවට පෙරෙලන බවටය.

(ඔබ දැන් අප හට හිනාවෙනවා ඇති. සිංහල මෝඩ මත කියා)

එය එසේනම් ඔබට වැඩි අවි ආයුධ ශක්තියෙන් යුක්ත වූ දෙමළ ජාතික මිනී මරුවෙකු වූ අප හට පරම හතුරෙකු වූ කිසිම ප්‍රභාත්මක භාවයක් නැති මිනිසුන් හට යුද්ධයේ අඳුර බෙදූ 'ප්‍රභාකරන් හෙවත් පිරිබාහරන්' හට සිදු වූ දෙය කුමක්ද?

සිංහල දේශපාලකයන් මර නින්දේය. ඔවුන් 'කැලේට හඳ බලයෙන් පායා දීමට ඔවුන්ගේම දේශපාලනික සිහින මත ක්‍රියා කරගෙන යති.' කැලේට හඳ පායා වැඩක් නැත. සිංහල අපගේ උරුමයට ද යන කලදසාවක් ද තිබිය යුතුය. කොටි හිතවත්තු වන දෙමළ දේශපාලන පක්ෂද හොර එන්.ජී.ඕ. නඩ ද, අපේ මහ බලවත්තු ද දැනගත යුත්තේ (දාපු ඔටුනු හා අනෙකුත් ජාතීන් හට දී ඇති අසීමිත නිදහස ඇතුළුව) ඔටුනු සියල්ලම දැමීමේ සිංහල බෞද්ධ මතයට බවයි.

එල්.ටී.ටී.ඊ යට හෝ දෙමළ ජාතිවාදයට හෝ වෙනත් රටක අගනුවරක් අප රට තුළ ගොඩනැගීමට දඟලන සිංහල මතයට විරුද්ධ දේශපාලඥයා හෝ ඕනෑම පුද්ගලයෙක් දැනගත යුත්තේ මෙයයි.

'සිංහල බෞද්ධ මතයට විරුද්ධව තම හිතුමතේට නැටුවාට කමක් නැත. අප රට තුළ විවිධ වේශයන් ගෙන සිංහල බෞද්ධ මතයට විරුද්ධ වීමෙන් ස්වභාවයෙන් ඔබ අප රටින් අතුගෑවී යාමේ ස්වභාවික සංසිද්ධියට ඔබ ගොදුරු වන බවය. ඊට විශේෂම හේතුව වන්නේ සිංහල බෞද්ධයන් වන අප විශ්විය දහමක් වන බුදු දහම ආරක්ෂා කරලීමේ සත්‍යානුසම්පන්නභාවයයි.

ඕනෑම යුද්ධයක් කොට ශතක ගණනාවකට පසුද අප බොදු රට බේරාගත හැකි බව අප මුතුන් මිත්තන් විසින් සක්සුදක් සේ ඔප්පුකොට ඇත.

සිංහල බෞද්ධයින් වන අපි සැමදා ජයගනී.

කොටි හිතවත්තු සහ මහා බලවත්තු ඉදිරියේදී ක්‍රියාත්මක කිරීමට යන මහත් වූ ජාතික ආගමික ව්‍යසනයන් ගැන අවධානය යොමු කරමු.

බෙලෙන් පතුරුවන සර්වාගමික පිස්සුව

සර්වාගමික පිස්සුව හෙවත් ඔක්කොම ආගම් එකයි යන උමතුව අප රට තුල පැතිර යමින් තිබේ. මෙම උමතුව අප බොදු රට තුල පැතිරීමට වැඩි වශයෙන් දායක වන්නේ පෙර කොටි සංවිධානයට හා පාස්ටර් මග මරුවන්ට හා සාමය සඳහා වැඩිපුර පෙනි සිටි විකල්ප ප්‍රතිපත්ති නිර්මාණය කරන්නන්ය. මොවුන්ගේ පරම අපෙක්ෂාව වන්නේ.

01. රට විනාශ කිරීම.

02. අනාගතයේ නැති ආගමික යුද්ධ ඇති කිරීම.

03. රට අබල දුබල කිරීම හෙවත් සිංහලයාට ජාතියක්, ජන්මයක්, ආගමක් නැති කිරීම.

04. පන්සල් හා ඒ අවට ඉඩම් සමසේ බෙදා ගැනීමට, බහු කෝලම්, බහු ගති, බහු පිස්සුව අපේ ළමුන්ට හා අපහට විවිධ ප්‍රචාරක වැඩසටහන් හරහා එබ්බවීමට ක්‍රියා කිරීම හා එමගින් අප සිත් දිනාගෙන අප හදවත් ඔවුන් කෙරෙහි නැඹුරු කරවා අප අපට අයිති භූමි හා සම්පත් කෙරෙහි ඇති අවධානය අඩු කරවා තම සම්පත් හා භූමි වැඩි කරගැනීමට මාන බැලීම.

05. සිංහල ජන නායකයන් පසු පස ගොස් මිත්‍රකම් ගොඩනංවාගෙන ඔවුන්ව රවට්ටා මස් කෑමත් නොකෑමත් එකයි. බුදුන් වැන්දත් දෙවියන් වැන්දත් එකයි. බයිබලයත්, කුරානයත්, ත්‍රිපිටකයත් පැහැදිලිවම එකයි යන අමොනෝන්ගද මත සිංහල බොදු ජනතාවට පැවසීමට හා සිංහලයන්ගේ සිත් දිනාගත් ජන නායකයන් යොදා සර්වාගමික මත වලට එහෙයියන් කොට ගෙන එමඟින් සිංහල බොදු අප සාරධර්ම කෙරෙහි ඇති විශ්වාසය පලුදු කිරීම.

06. සර්වාගමික පිස්සුව හෝ නාඩගම ගැන කතිකා කරන සෑම වැඩසටහනකටම සිවුරු ඇදගත් දෙවදත්තයන් කිහිප දෙනෙකු හෝ සම්බන්ධ කරගැනීමට වෑයම් කිරීම හා එමගින් නිවැරදි සංඝයා වහන්සේලා ගැන බුදුදහම ගැන සැක කටයුතු වන ආකාරයේ වැරදි ප්‍රකාශන කෙසේ හෝ ලබා ගැනීම.

07. සංඝයා වහන්සේලාට මෙන් සමානව මේ නොපැවිදි පූජකයන්ටද සමාජයේ ප්‍රමුඛස්ථානය ලබාගැනීම හා එමගින් ආණ්ඩු මෙල්ල කිරීමට උත්සහ කිරීම.

08. නැති ඊළමක් ගොඩ නගාගෙන එහි මූලික ආගම පූජක ආගමක් කරගැනීමට වෙර දැරීම.

09. රට අස්ථාවර කිරීමට මාන බලන එන්.ජී.ඕ නඩයන් පෝෂණය කිරීමට හා එවන් සංවිධානවලට පිරිස් වැඩි කර ගැනීමට සර්වාගමික උමතුව, නාඩගම හරහා උදවු කිරීම.

10. බෞද්ධ මනෝ මූලික සාධකයන් ඉවත් කොට සර්වාගමික මනෝ මූලික සාධකයන් බොදුනුවන් හරාම සමාජ ගත කිරීම.

11. වෙනත් රටවල් වල බලය හරහා සිහළ බොදුනුවන්ගේ උරුමය පාලනය කිරීමට සමත් විවිධ සංවිධානවලට නාගරික හා ග්‍රාමීය වශයෙන් තොරතුරු සැපයීමට සමත් තරුණ, තරුණියන් සර්වාගමික පිස්සුව හෝ උමතුව නාමයෙන් නම්වා ගැනීම.

12. ශතවර්ෂ පහකට වැඩි කාලයක් උත්සහ කෙරුවද තවමත් ගොඩනගා ගැනීමට නොහැකි වූ දේව රාජ්‍යය නව මුහුණුවරකින් එලි දැක්වීම.

13. රටේ ප්‍රධාන පාලන පක්ෂ සිංහල බොදු ඡන්දයෙන් පත්වූවක් නම් එම මතය දීර්ඝ කාලීනව වෙනස් කිරීමට හා පාලනය අල්ලා නැවත අල්ලා ගැනීමට වෙනත් ආගමික නැඹුරුවක් ඇති ජන නායකයන් රට දිනූ පක්ෂය තුල ඇති බව සියුම්ව හුවා දැක්වීමට සාර පෝය දිනයන්හිද පවා වැලැක්විය නොහැක දේශීය හා විදේශීය සංචාරයන් නිර්මාණය කිරීමට ආරාධනා සියල්ල රටට හඳුන්වාදීම සඳහා අන්තර් ජාතිකව කල්වේලා බලා ආරාධනා සකස් කරදීම.

14. ප්‍රසිද්ධ බෞද්ධ සිද්ධස්ථාන වලට ගොස් සර්වාගමික වැඩසහටන් පැවැත්වීම.

15. ආචාර්ය, මහාචාර්යවරු මුදල් හදල් දී රවට්වාගෙන සර්වාගමික පෙරහැරවල්වල පෙරමුනේ රාළ කරගැනීම.

16. විවිධ සිහළ සංස්කෘතික නැටුම්. ගැයුම්, වැයුම් හා කලා පෙරටුකරගෙන තම දේව ආගමික උත්සව පැවැත්වීම හා එම අවස්ථා මගින් මුදල් දී පාරම්පරික නැටුම් කණ්ඩායම් ලවා පූජකයන්ටත් සිහළ උත්සවාකාරයෙන් බෙර වාදනය කරගැනීම හා එමගින් දේව ආගමට සිහළ සුවරූපයක් ඔබ්බවා ගැනීම.

17. බෞද්ධයන් විසින් තෙරුවන් උදෙසා පමණක් භාවිතා කරන වචන සර්වාගමික පිස්සුව හෝ උමතුව (වැඩසටහන්)පවත්වන කාලය තුල දී පුන පුනා පූජකයන් ඇමතීම සඳහා භාවිතා කිරීම.
උදාහරණ: කිතුනු සංඝ, මහානායක හිමි, අනුනායක හිමි

18. සුදු පාට පූජක සිවුර ටිකෙන් ටික කහපාට වර්ණයෙන් වසා ගැනීම හා සැරසිලි සියල්ලක්ම සඳහා බෞද්ධයන් විසින් තෝරාගත් වර්ණ භාවිතා කිරීම. (පසුගිය කාලය තුල අනෙක් ආගම් උත්සව සඳහා යොදාගත් වර්ණ දෙස බලන්න.)

19. අවසාන වශයෙන් පූජකයා ලොක්කා (ලොකු මිනිසෙකු) වී මෙම සර්වාගමික වැටසහන් වල ට සහභාගී වන සිවුරට මුවා වුනු සංඝයා වහන්සේලා සොක්කා කිරීම. (බාලයෙකු කිරීම.) නොපැවිදි පූජකයන් (ගිහියන්) උත්සව සභාවට එන විට අසුනින් නැගිට ආචාර කිරීමට හුරු පුරුදු කරවීම. (පාප් වහන්සේ බැහැ දැකීමට භික්ෂුන් යෑම සහ ඔහු එනවිට හුනස්නෙන් නැගී සිටි බෞද්ධ නාමය ගත් භික්ෂුන් වහන්සේලාගේ ඡායාරූප පසුගිය කාලයේ විවිධ ලිපි වල පලවී තිබුණි.)

සිංහලයන් බුද්ධිය භාවිතා කර තම ආගම දහම ආරක්ෂා කර ගැනීමට කාලය දැන් පැමිණ ඇත. තම සිතැගි දේශපාලකයා හෝ භික්ෂුව කොයි යම් හෝ සර්වාගමික මගක් ගත්තද තමා ඒ මුග්ධ මග නොයා යුතුය. ඊට ප්‍රධානම හේතුව

වන්නේ සිංහලයන් වන අප එකමුතු නම් එකම මතයකට එකඟ නම්, තුණුරුවන්ගේ අමිල, නිර්මණ, ගුණ සුවඳ දන්නේ නම් සටනකින් තොරව සර්වාගමික ආඬියන් සියල්ලන්ම ප්‍රතික්ෂේප කිරීමෙන් එසේද නොහැකි නම් ඔහු හෝ ඇයගේ හැසිරීම අප්‍රිය සහගත කීමෙන් පහසුවෙන්ම අප සමාජයෙන් පන්නා දැමිය හැකි බැවිනි.

දේශීය හා විදේශීය කුහකයන් එක්වී ලහි ලහියේ ගම් නියම් ගම් ඔස්සේ පතුරන ඔක්කොම ආගම එකයි යන සර්වාගමික නාඩගම, සර්වාගමික උමතුව, සර්වාගමික පිස්සුව අප රටින් තුරන් කර දැමීමට බොදු අප අදිටන් කරගනිමු.

සර්වාගමික උමතුව ලක්දිව තුල පැතිර	යති
ආගම් කලවමෙන් මුන් හැම වැඩ	හිඳිති
සද්ධර්ම විසි කොට පර ධර්මය අනුව	යති
ආගම් කලවමෙන් බොදු සිත් පාර	වති
පින්වත් පුතේ මේ පොඩ්ඩක්	අහන්නකෝ
බුදු හිමි අමිල දහම ගැන	කියන්නකෝ
තෙරුවන් සරණ අගනේමයි	හිතන්නකෝ
සර්වාගමික උමතුවට පා පහරක්	ගහන්නකෝ

සර්වාගමික ආඬියන්ගෙන් අපේ දූ දරුවන්, අපේ රට, අපේ දහම, ආරක්‍ෂා කරගනිමු !

ඇස් ඉස් මස් ලේ දන් දෙමින් රැකගත් සිංහල බෞද්ධ සංස්කෘතිය පණමෙන් අප රැක ගත යුතුය.

ජාතික ඒකාබද්ධතා සතියක් යනු අලුත් සංකල්පයක් රට පුරා දිව ගියේය. මේ එකමුතුතාවය දිහා විපරම් කර බලන විට බුද්ධිමතුන් හට වැටහෙන එකම කාරණයනම් මෙම කූඨ උපක්‍රමය විවිධ බලපෑම් කිරීමෙන් (දේශපාලනිකව, ආගමිකව හා සාමාජිකව තවද මානසිකවද) අප රටතුල ගොඩ නැගීමට යන අමුතු එකඟත්වයක් බවයි. ආගම් කලවම ප්‍රථමව දියත් කොට දැන් ජාතියේ කලවම පටන්ගෙන ඇත. මේවා කොයින් කෙලවර වේ දැයි අප නොදනිමු. දේශපාලකයන් යනු චින්තකයන් නොවේ. ඔවුන්ගේ පරම චින්තනය වන්නේ තමන්ගේ පිල වැඩි කර ගැනීමයි.(ඡන්දයෙන් තම පක්ෂය පුරවා ගැනීමටයි.) අපි මොවුන්ගේ මත වලට ඉත්තන් හෝ එහෙයියන් නොවිය යුතුය. වර්ෂ 2500 කට වැඩි කලක් අප විසින් උකුලේ හොවා, කිරි පොවා ඇස් ඉස් මස් ලේ දන් දෙමින් රැකගත් සිංහල බෞද්ධ සංස්කෘතිය පණමෙන් අප රැක ගත යුතුය. මීට ප්‍රධානම හේතුව නම් රටේ කිනම් හෝ අභාග්‍ය කාලපරිච්ඡේදයකදී රුදුරු පරසතුරු ව්‍යසනයන්ගෙන් අපව ගලවාගන්නා දියසේන කුමාරවරු, දුටුගැමුණු රජවරු හා මෙහි කියූ නොකී විරෝධාර අභීත සෙන්පතියන් නිර්මාණය කලේ හෙළ බොදු සංස්කෘතියෙන් බැවිනි.

ඕනෑම රටක තම තමන්ගේ ජාතීන්ට අයත් පාසැල් තිබේ. එය ලන්ඩනයේ ද, ඇමෙරිකාවේද, ඉන්දියාවේද, නැත හොත් අරාබිකරයේද, තමිල් නාඩු ප්‍රාන්තයේ ද එසේමය. එය මනුෂ්‍ය සමාජයේ අඩුපාඩුවක් හෝ වරදකාරී අධ්‍යපන ක්‍රමයක් නොවේ. පසුගිය යුද්ධයද නැවැත්තුවේ ඉහත කී ජාතික වැදගත්කමක් ඇති ඒක ජාතික පාසැල් වල දුවා දරුවන්ගේ ඇස්,ඉස්,මස්,ලේ තම ජාතිය රැක ගැනීමට කැප කිරීමෙනි. දැන් දැන් මේ කියවෙන සන්හැදියා මත අනුව ජාතික පාසල්වල උගෙනගත් පසුගිය යුද්ධය සාර්තකව දිනා ගැනීමට ජීවිතය කැප කළ සියලු දූ පුතුන් අඹු දරු සියල්ලන්ම කලේ වරදක්ද? නැතහොත් ඔවුන් ඉත්තන්ද? අල්ලාගත් දමිළ ජාතිවාදී කොටියන්ට හෝ අපරට තුල ජීවත්වෙන වෙනත් ජාතීන්ට දියයුතු අධ්‍යාපනය මහා ජාතියට බලයෙන් කැවීමට උත්සහ කිරීම හරියටම ඔලුවටම විදින සේ අප හට ගැසූ මරු පහරක්ය. අප සංස්කෘති, භාෂාව, ආගම කෙනෙකුට අප්‍රිය සහගත විය හැක. අපි ඊට කනස්සලු නොවෙමු. හොඳ නරක කුමක්දැයි හඳුනා ගැනීමට නුවණ ඇති, දියුණු නොදියුණු කුමක්දැයි වටහා ගැනීමට සිංහල උත්පත්තියෙන්ම හැකියාව ඇති සිංහල අපි සිංහල ජාතිය විසින් අප්‍රිය කරන සංස්කෘතික ලක්ෂණ. දුරාචාර කර බැඳගත් පහත් සංස්කෘතීන් ඉගෙන ගැනීමට අපහට වුවමනාවක් නැත. අප සැමදා අපේ සිහළ බොදු සංස්කෘතියට ලොබ බඳින්නෙමු.

සිංහලුන් වශයෙන් පෙනී සිට වල් භූත දොඩවනා දේශපාලකයන් දැනගත යුත්තේ පිල ගැනම කත් අදින පිලටම ගැති ඡන්ද දායකයන් සිත්හි තබාගෙන ඔබ විසින් කරනා උප්පරවැට්ටි, මායම් කතා හා සහික වැකි උගත් බුද්ධිමත් හා ලොව හා එහි සංස්කෘතීන් ගොඩනැඟුණු ආකාරය හා එම සංස්කෘතීන්ගේ හරාත්මක භාවය හා හොඳද නරක ද බව දන්නා බුද්ධිමතුන් වන අපහට නොම අගනා බවයි. ඒ මන්ද යතහොත් සමාජය රැවටීමේ දේශපාලන උප්පරවැට්ටි අප දන්නා බැවිනි. ලංකාවට විදේශයන් හිට ආ විජාතීන් විසින් ඇති කළ පසු ගිය යුද්ධය ද දේශපාලනික හා ආගමික උප්පරවැට්ටියක් මිස අන්කිසිවක් නොවේ.

ඉගෙනගන්නා ළමයෙකුට තම ජාතික හා සංස්කෘතික අනන්‍යතාවය ඇති පාසලකට යාමට ඇත්නම් එය ඉතා අගනේය. එය සාමාන්‍ය බුද්ධියක් ඇති පුද්ගලයෙකුට වුවද වැටහෙන කාරණයකි. තිරිසන් කුලේ සතෙකුට වුවද තමාට සංවරවීමට උගන්වන එඬේර පට්ටියේ මීහරකුන්, එළුහරකුන්, හිවලුන් හා මල්කවුඩන් යන සියල්ලම එකට සිටී නම් තමා තෝරාගත යුතු පිලිවෙත, හැදී වැඩිය යුතු ආකාරය කුමක්ද කියා දැනගත නොහැකිය. අපහසුවෙන් වුවද දැනගත්තද එය වටිනා සංස්කෘතියක් නොවේ එය කලවම් කොට හදා ගත් බෙදා වෙන් කර හඳුනා ගත නොහැකි නවක සංස්කෘතික ක්‍රමවේදයක් පමණි. මෙම නව සංස්කෘතියෙන්ද ලෝක යුද්ධ හෝ තම ආශාව හෝ දේව මත ඔස්සේ ලෝකය තුල ගොඩ නැගී ඇති යුද්ධ නැවැත්විය නොහැක. විවිධ හේතූන් මත විවිධ රාජ්ජ්‍යයන් තුල කළකොලාහල ඇතිවේ. මෙවන් ගණයේ යුද්ධ බුදුන් වහන්සේගේ කාලයේ පවා තිබිණි. මහා උගතුන් සංස්කෘතික කලවමෙන් හෝ ජාතික කලවමෙන් හෝ අධ්‍යාපනික කලවමෙන් මනා සබැඳියාවක් ගොඩනගා ගත හැකි හෝ එවන් ක්‍රම ඉතා සාර්ථක ක්‍රම වශයෙන් දක්වා නැත. නව පුගුළන් හුදෙක් පවසන්නේ බටහිර මතයකි. නමුත් බටහිරද මෙම මත පසෙකලා තම අනන්‍යතාවය සුරක්ෂිත කරනා මග පිළිවෙලවල් ගෙන ඇති බව මෙම නව ගණයේ ලාංකීය පුගුළන් නොදනිති. මෙම කලවමේ භයානක කම නම් තුන් ජාතියම නැතිවී බටහිරයන්ට බන්දේසියක තබා අප මවුබිම පූජා කරන අනාගතයේ රට පාවාදෙන කලවම් ජාතියක් බිහිවීමයි. කොදු නාරටියක් නැති ජාතියක් මෙම රට තුල බිහිකරගැනීමට අපේක්ෂා වුන පෙර උතුරේ යුද්ධය පිටුපස සාන්තුවර ස්වරූපයෙන් සිටි පූජකයන් ගැන ද අපි හොඳින් දනී. ඔවුන් හින්දු හෝ කතෝලික හෝ ක්‍රිස්තියානි හෝ ඉවන්ජෙලිකල් විය හැක. තවද බෞද්ධ ස්වරූපයෙන් සිටි සිහළ ගොබ්බයන්ද විය හැක. නමුත් යුද්ධය පරාජය කළ අපි මේවා දැඩි ලෙස ප්‍රතික්ෂේප කරන්නෙමු. වතු කම්කරුවන් (මොවුන්ගෙන් රාශියක් හොර පදිංචි කරුවන්ය.) හා වෙළඳ කණ්ඩායම් වශයෙන් අප ලක් දෙරණ මත පදිංචිවී සිටින බහුතරයකට ඇත්තේ අපට සදා හුරුපුරුදු වූ සිංහල බොදු ගතිගුණය. ලොව වෙනත් රටවල සංචාරය කර අත්දැකීම් වශයෙන් එම කාරණය සම්බන්ධයෙන් විමසන්නැයි මෙම ලිපියේදීම කතෘ වශයෙන් ඉල්ලා සිටින්නෙමි. අවසාන වශයෙන් පවසන්නේ මෙම ලිපිය ලියූ කතෘවන මම ද සිංහල බෞද්ධ පාසලකට ගිය අතර කිසිදාක මාගේ ගුරු මෑණිවරුන්, ගුරු පියවරුන් සුළු ජාතියකට තලා පෙළා දැමීමට උගන්වා නැති අතර, අපා, දෙපා, සිවු පා, දගලන, නලියන හෝ ඇසට පෙනෙන නොපෙනන කිසිදු ජීවියෙකුට වෛර කිරීමට ද උගන්වා නැති බව සඳහන් කිරීමට ඉදිරිපත් වෙමි. අතීතයේ තිබූ පන්සල් පාඨශාලා අභිමිවූ හෙළ බොදු අප හට අපගේ අනන්‍යතාවය හා බොදු වපසරිය ඇතුව ඉගෙනගැනීමට ඉතා උත්සහයක් දරා නිර්මාණය කරගත් දැනට පවතින නව පාඨශාලා ක්‍රමවේදයද නැතිවේදෝයි බියක් හඟියි. අප බොදු සංස්කෘතිය නැසීමට ඇති හොදම ක්‍රම වේදය නම් සිහළ අධ්‍යයාපන ක්‍රමය නැසීම හා සිහල බොදු මනෝ මූලික අධ්‍යාපන ක්‍රම අප ළමා පරපුරෙන් ඉවත් කිරීමයි. සිංහලකම, බොදුකම, ආරක්ෂා කිරීමට කතිකා කිරීමට මේ කාලයයි. අප සැවොම එක්වී බුද්ධිමත්ව තීරණය ගෙන වැරැද්ද නිවැරැද්ද කිරීමට කාලය පැමිණ ඇති බව දේශපාලකයන් හට වටහා දෙමු.

ඇස්, ඉස්, මස්, ලේ දන් දෙමින් රැකගත් සිංහල බෞද්ධ සංස්කෘතිය සදා රැකදෙන මනෝ මූලික ක්‍රමවේදයන් පණමෙන් රැකගනිමු.

දේවමත කරෙන් බෙල්ලෙන් එල්ලාගෙන පල්ලි කෝවිල් තනන දේශපාලකයන් කරගන්නා පවු

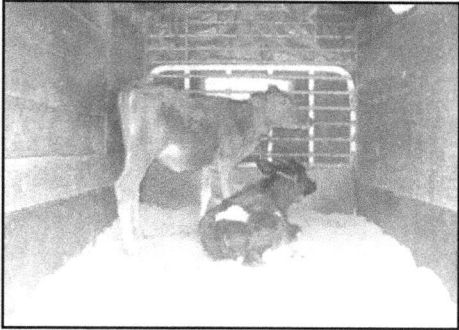

අද සිංහල බෞද්ධයා මරණින්දේය. හතු පිපෙන්නා සේ සැම තැනම පල්ලි කෝවිල් ඉදිවෙමින් පවතී. දේශපාලකයෝ විශාල පිරිසක් තම සිංහල බෞද්ධකම පසෙකලා අඩුම තරමින් වර්ෂයකට එක හරෙකු හෝ ඌරෙකු තම දෙවියන් උදෙසා ඝාතනය වන ආගමික සත්ව ඝාතනාගාර රාජ්‍ය මට්ටමින් ඉදිකරමින් යයි. (යම්කිසි ආගමිකතැනක සතුන් මැරීම සිදු කරයි නම් අප සිංහල බොදු දැක්ම, මතය වන්නේ එය ආගමික සත්ව ඝාතනාගාරයක් බවයි.) පුදුමයට කාරණය නම් පළමුවෙන්ම තෙරුවන් නැමද පන්සල් ගොස් බණ අසා දෙවනුව මහා පල්ලි විවෘත කොට, අමුතු මාදිලියේ ඉතිහාස කතා ඇතුළත් කර, අප මවු රට විවිධ කෝණ වලින් ඩැහැ ගැනීමට මාන බලන ලංකාව තුළ ජන්මය ලත් නමුත් තම සහෝදර මහ ජාතිය (මහා ජාතිය සුළු ජාතියට සහෝදරයෙක් වූයේ තම ඉඩම් කඩම් බව බෝග නිකරුනේ ලබාදී තම භාර්යා සම්පතද සරණ පාවා දීමට කිසිම මිල මුදලක් අපේක්‍ෂා නොකළ නිසයි) කීහිප විටක්ම ඉතිහාසයේදී හා මෑත භාගයේදී අසරණ කෙරූ විජාතීන් ඉහළින් ඔසවා තබා කතා කිරීමයි.

සිංහල බෞද්ධ වන අප ඉතා කණගාටුවෙන් පවසන්නේ හෙළ බෞද්ධ කරුණාව යටතේ සිටින තිරිසන් ආත්ම ඇති නමුත් මිනිසුන් අතින් නිකරුනේ මැරුම් නොකන, පෙර පවට තිරිසන් වී ඉපදුනත් යම්කිසි යහපත් කර්ම බලවේගයක බලයෙන් අප බොදු ලක්බිම තුල ඉපදුන යම්තාක් දුරකට පින් ඇති අහිංසක නිරි සතුන් මරාකන මර්මස්ථාන ඉදිකිරීමට සිංහල බෞද්ධ යැයි කියාගන්නා දේශ පාලකයන් ඉදිරිපත් වීම අපේ ජාතියටද අහිංසක තිරිසනාටද ගැසූ හෙණයක් බවයි.

ඔව් මේ වර්ෂ 2012 නමුත් අකාලික වූ බුදුබණ අමතක කරමින් සිංහල අපි කරන පව් අලුත් ලෝක (මෝඩර්න් වර්ල්ඩ් අයි) ඇසෙන් වසා ගත හැකිද? නැතිනම් අපි පල්ලි කෝවිල් ඉදිකල පලියට අපිට පන්සල් සදා දීමට විජාතීන් විසින් ඉදිරිපත් වෙයිද? අරාබියේ ඇති පුණ්ණසිවානු භික්ෂූන් වහන්සේගේ පන්සල (මක්කම මීට පෙර බෞද්ධ සිද්ධාස්ථානයක් යැයි පැහැදිළි පුරා විද්‍යාත්මක සොයාගැනීමක් තිබේ.) වැදීමට හෝ එය ළගින් අඩුම තරමින් කුඩා බුදු පිළිමයක්වත් තැන්පත් කිරීමට අවසරයක් ලැබේවිද? රජතුමා අවසර දුන්නත් ආගමික පූජකයන් එසේ කිරීමට ඉඩ දෙයිද? වතිකානු දේවස්ථාන භූමියේ පන්සලක් සාදා ගැනීමට ඉඩම් කැබැල්ලක් (අඩුම තරමින් මතු නිවන් දැකීමටවත්) ලබා දෙයිද? නැත... දේවවාදීන් සැමදා තම දේවියාගේ මතයට ගරු කරයි. ලොව්තුරා බුදුන් සරණ යන අප මෙය පාඩමකට ගත යුතුය.

සිංහලයන් තම පෞරුෂත්වය හා තම ජාතික අභිමානය හදා වඩා ගැනීමට කාලය පැමිණ ඇත. (නොදැන හෝ පස් පව් නොකිරීමට) දේශපාලකයන් තම කොන්ද පණ නැතිවෙන විට විවිධ නැටුම් කළ හැක. නමුත් සිංහල අප මේවා රාජ්‍ය මට්ටමින් හෝ පන්සල් මට්ටමින් හෝ ගම් මට්ටමින් හෝ පුද්ගලික මට්ටමින් හෝ අනුමත නොකළ යුතු කටයුතුය. ඒ ඇයි කිවහොත් අප අනාගත දූ දරුවන්ගේ නිදහස් නිවහල් උරුමයන් විනාශ කිරීමත් ඔවුන්ව සියුම්ව අපාගත කිරීමට විවිධ ක්‍රමවේදයන් ප්‍රසිද්ධ යැයි කියාගන්නා සිංහල බුද්ධිමතුන් ලවාම ප්‍රසිද්ධ කිරීමයි. ඌරෙකු, එළුවෙකු, බැටළුවෙකු,හරකෙකු, තම අවසාන ගමන් මග එනම් මරණය ලගා කරගන්නේ පල්ලිය හෝ කෝවිල තුළ දෙවියෙක් වෙනුවෙන් නම් එය මිනිසා විසින් තම බඩ වියත රැකගැනීමට කරනා නින්දිත ක්‍රියාවක් බව අප වටහා ගත යුතුය. එය සසර තියෙන තුරු පලදෙන අකුසල කර්මයකි.

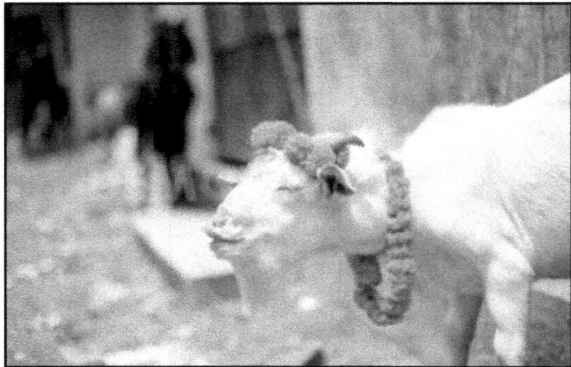

කිසියම් හෝ කෙනෙකු රජෙක් විය හැක. නමුත් රජා වුන පලියට රටේ තිබෙන විවිධ ආගමික මත නිසා විවිධ පල්ලි සදා තමනුත් නොදැන්වත්වම පවු ගොඩ ගසා ගැනීම අනවශ්‍යය. බුද්ධිමත්ව ක්‍රියා කොට යාග හෝම වලට සහභාගි නොවී පවු කරන මිනිසාද අවසනයේ හැකිනම් පවු කරන දෙවියාද පාපයෙන් ගලවා ගැනීමට ක්‍රියා කිරීම සිංහල බෞද්ධ රජෙකුගේ අපේක්ෂාව විය යුතුය. එය බුද්ධිමත් පාලකයකුගේ ක්‍රියා කලාපයයි. බුදුන් දවස සතුන් මරමින් නොයෙකුත් යාග හෝම කළ පෙර රජවරු පවා තිසරණයේ සරණ ගොස් සියළු පාප ක්‍රියාවන්ගෙන් මිදුණෝය.

සියුම්ව දේශපාලනය ඔස්සේ පැලපදියම් වන ආගමික දේවස්ථාන දෙස ඇස් කන් යොමු කර බලා සිටිමු.

"බුද්ධ ධර්මයට අනුව මිනිසාට මෙන්ම සත්වයන්ටත් බුද්ධිමත් භාවයක් ඇත. මිනිසා සහ සත්වයන් අතර හුවමාරු කරගත හැකි පාඩම් බොහෝය. මිනිසාට මෙන්ම ඊළඟ භවයේදී හෝ සත්වයන්ටද නිවන් දැකීමට අවස්ථාවක් තිබේ. එබැවින් සත්වයන් හා අප අතර විශ්වාසය, ගෞරවය, ආදරය පැතිර යා යුතුය. සතෙකු මරා දැමීමට මිනිසෙකු ඉදිරිපත් වීම නොවටිනා කාරණයකි."

ලෝගුව දමාගෙන අප වනසන තිරිසන්නු
ගෙරිමස් කකා ඔවදන් දෙන මේ ගොන්නු
නිරයට යන මග සුරපුර යැයි කියනා ගොන්නු
පන්නා දමමු මිහිපිටයෙන් මේ ගොන්නු

හරකා මරා දෙව් ලොව යමු කියති
ඌරා මරා හැම්බේකන් කමු කියති
උලමා හරහා ඒ පවු නැත කියති
මෙවන් තිරිසනුත් තවමත් ලොව සිටිති

සියළු සතුන් කෑම සඳහා යැයි කියති
වැදි බන ඇසු මිනිසෙක් හරකෙක් ළඟට යති
අව්‍ය දරා ගත් මිනිසා අත උස්සවති
කෑම සඳහා නම් ඇයි හරකා පැන යන්නේ නිති

පෝය දිනයේ මස් කඩ හැම වසති
තැබෑරුමත් ඒ දින වල රජයෙන් වසති
අනේ අපොයි මේවා කිව නොහැකිව ඇති
සිල් බිඳගෙන මස් කන යක්කුත් අද වෙසෙති

අන්තවාදී ඉස්ලාමීය ගිණිසිළුවෙන් අරාබිකරයත් වැනසේද?

සංචාරකයන් ලෙස මෙහි පැමිණ රටපුරා ගොස් අන්තවාදී ආගමික අදහස් පතුරවමින් සිටි "ටබ්ලියා ජමාට්" නැමති අන්තවාදී ඉස්ලාමීය සංවිධානයට අයත් පූජකයන් රටින් නෙරපීමට රජය කටයුතු කිරීම මහඟු කාර්‍යයක් වශයෙන් අගය කළ යුතුය. අඩු වරප්‍රසාද ලාභී මුස්ලිම් ජනතාව ඉලක්ක කොට ගෙන තම විෂම ආගම් උමතු වාදය පැතිරූ පූජකයන් අප ලක් බිමට ඒමට ආරාධනා කළේ කවුරුන්දැයි තවමත් අප නොදනිමු. අප ලක් රජයේ ආරක්ෂක ඇසට හසුවූ එම පූජකයන් 161 දෙනෙකු රටින් පිටුවහල් කලද වසර ගණනාවක් ඔවුන්ගේ මතයට ඇහුම්කන් දුන් පිරිස් කිනම් දෙයක් ඉදිරියේදී අපරට තුල සිදු කිරීමට යැයිදෝ යැයි අපි නොදනිමු. ඉන්දියාව, බංගලාදේශය, පකිස්ථානය, මාලදිවයින හා අරාබිකරයෙන් මොවුන් පැමිණ තිබේ.

ටබ්ලියා ජමාට් සංවිධානයේ ආරම්භය කෙටියෙන් ගතහොත් 1885දී ඉන්දියාවේදී උපත ලද මොහෝමඩ් ඉල්ලියාස් (Muhammad Ilyas) නැමති පුද්ගලයා විසින් 1926 දී පමණ උතුරු ඉන්දියාවේ (Mewat) ඒවන විටත් ආරම්භ කොට තිබූ (1875) අර්‍ය සමාජය නැමති හින්දු ආගමික සංවිධානයක්

The Symbol of Arya Samaj
ආර්‍ය සමාජයේ සංකේතය
(1875 අප්‍රේල් 07)

විසින් වෙනත් ආගම් වලට විශේෂයෙන් ක්‍රිස්තියානි හා මුස්ලිම් ආගමට හැරී සිටි පුද්ගලයන් නැවතත් තම ආගම වෙත නැඹුරු කර ගැනීමට උත්සහ ගෙන තිබීමත් එයින් මුස්ලිම් ජනතාවගේ ප්‍රතිරූපය බිඳවැටීමෙන් හා දේශපාලනික ස්ථාවර භාවය එයින්ම නැතිවී යමින් තිබූ නිසා තම වපසරිය රැක ගැනීමට උත්සහ කිරීමේ ප්‍රතිඵලයක් වශයෙන් මෙම ටබ්ලියා ජමාට් සංවිධාන බිහිවුනි. මුල් අවධියේදී තමන්ගේ ආගමට අයත් නොවන කෙනෙකු ඉස්ලාමීය ආගමට හරවා ගැනීමට කටයුතු නොකල අතර ඔවුනොවුන්ගේ සමාජ පැවැත්ම තහවුරු කර ගැනීමට උත්සහ ගත්තේය. කුරානය පමණක් තරයේ විශ්වාස කළ අතර ඔහු විසින් 1926 දී දෙවෙනි වරට මක්කම නැමදීමට යාමේන් පසුව මහත් ප්‍රබෝධයට පත්වී තම ආගමට තිබූ බලවත් ඇල්ම නිසා මුස්ලිම් පල්ලි කේන්ද්‍ර කොටගත් කුරාණය කියා දෙන ආගමික පාසල් නිර්මාණය කළේය. නමුත් කෙටි කාලයක් තුලදී දොම්නසට පත් ඔහුගේ මතය වූයේ මෙම ක්‍රමයෙන් උත්පාදනය වන්නේ භක්තිමත් පිරිසක් (නිලධාරීහු) පමණක් බවත් ධර්ම දේශකයන් නොවන බවය. ඔහු පාසල් වල ඉගැන්වීම අතහැර දමා දිල්ලියට ගොස් ධර්ම දූතකයෙකු (මිෂනාරි) වරයෙකු බවට පත්විය. "O Muslim ! B Muslim" මුස්ලිම් වරයෙකු මුස්ලිම් වරයෙකු වීම යන සටන් පාඨය නිතර භාවිතා කරමින් තම මතය ලොව වෙත ගෙන ගියේය. 1946 දී බ්‍රිතාන්‍ය වෙත තම පළමු මිෂනාරි වරයාද දෙවනුව ඇමරිකාව වෙතද මිෂනාරි වරයෙකු යැවූ මෙම සංවිධානය 1970 - 1980 යන කාලයන් වලදී යුරෝපයේද ස්ථාපිත විය. මොහුගේ ආගම ප්‍රචාරය කිරීම හා පවත්වා ගැනීම සිදුවන්නේ 10 දෙනෙකු දස දිසාවකට එනම් ගම්මාන 10කට ඇරිමෙනි. මූලික මූල ධර්ම 6 ක් ඔස්සේ මොවුන් ක්‍රියා කරයි. මුල් භාගයේදී කාන්තාවන්ට මෙයට සහභාගී වී නොහැකි වූ අතර පසු කාලයේදී සමහර ක්‍රියාකාරකම් වලට සහභාගී වීමට ඉඩදෙන ලද්දේය.

2009.09.11 දින ඇමරිකාවේ ලෝක වෙළඳ සංකීර්ණයට ඉස්ලාමීය ත්‍රස්තවාදී සංවිධානයක්වූ "අල්කයිඩා" සංවිධානය පහරදීමෙන් පසුව ටබ්ලියා ජමාට් සංවිධානයද වක්‍රාකාරයෙන් එම පහරදීමට සම්බන්ධ පිරිස් බවට ඇමරිකාව විසින් ලොවට තතු හෙලි කලේය.

September 11 attacks

සැප්තැම්බර් 11 ප්‍රහාරය

විවිධ සංවිධාන ගැන ඇත්ත ඇති සැටියෙන් දැන ගැනීමට දැන් ඊජිප්තුවේ සිට ක්‍රියාත්මක වන "The Muslim Brotherhood" මුස්ලිම් සහෝදරයන් යන නාමය රැගත් සංවිධාන වෙත හැරේමු. 1928 දී පමණ බිහිවූ මෙම සංවිධානයේ දැනට නායක්තවය දරන්නේ මොහොම්මද් බාදී (Mohammed Badie) නැමති පුද්ගලයෙකු වේ. මෙහි මූලික ක්‍රියාකාරිත්වය නම් දුප්පතුන්ට උදව් කිරීමේ ඉස්ලාමීය ක්‍රමවේදය හරහා දේශපාලනික ක්‍රියාකාරිත්වයක් ලබා ගැනීම. 1906 ඊජිප්තුවේදී මෙලොව උපත ලද හසන් අල් බානා අවුරුදු 12 දී පමණ "සූපි වාදය" (ඉස්ලාමීය ආගමට අයත් තවත් පිරිසක්) 1922 දී තදින්ම පිළිගෙන සාමාජිකත්වය ලබා ගත්තේය. ඔහු අවුරුදු 13 දී පමණ (1919) බ්‍රිතාන්‍ය පාලනයට එරෙහිව පැවැත්වූ උද්ඝෝෂණයකට සහභාගී විය. ඉස්ලාමීය ගුරුවරයෙකු වූ ඔහු විසින් නිර්මාණය කළ "ඉස්ලාම් සහෝදර" සංවිධානය දෙවන ලෝක යුද්ධ සමය අවසාන වන විට මිලියන 02 ක පමණ සාමාජිකයන් එක්රැස් කර ගත්තේය. ඔවුන්ගේ මතය ගත් අරාබිකරයෙන්ද නිබඳව මෙම සංවිධානයට අනුග්‍රහකත්වය ලැබුණි. 1948 දෙසැම්බර් මස 28 වෙනි දින මුස්ලිම් සහෝදරත්ව සංවිධානයට සම්බන්ධ අබ්දෙල් මේජුහිත් අහමඩ් හසන් (Abdel Meguit Ahmed Hassan) නැමති කිංග් පාවුඩ් විශ්ව විද්‍යාලයේ පශු වෛද්‍ය පීඨයේ ඉගෙන ගත් සිසුවා නුක්රාශි පාශා (Nukrashi Pasha) වූ ඊජිප්තු

අගමැති තුමා වෙඩි පහර දෙකකින් දේශිය කටයුතු අමාත්‍යංශය ඇතුලතදී මරා දැම්මේය. මෙම අවස්ථාවේදී මෙම ඝාතකයා විසින් ඇඳ සිටියේ ලුතිනන් වර්ගයේ යුධ නිලධාරි ඇඳුමක්ය. මුස්ලිම් සහෝදරත්ව සංවිධානය ගොඩනැගු හසන් අල්බානා 1948 පෙබරවාරි 12 වෙනි දා ටැක්සි රථයකට නැගීමට නැවතී සිටියදී වෙඩික් කරුවන් දෙදෙනකු අතින් ඝාතනය වීමට තුඩු දුන් හේතුව එයම විය. එෆ්.බී.අයි. අධ්‍යක්ෂක රොබට් මුලර් මහතා කියා සිටියේ මුස්ලිම් සහෝදර සංවිධානය හා එහි ක්‍රියාකාරිත්වය ඔසාමා බිල්ලාඩන් වැනි ත්‍රස්තවාදීන්ව උසි ගැන්වීමට තුඩු දී ඇති අතර තම රටෙහි හා පිට රටවල් වල ත්‍රස්තවාදී කටයුතු වලට මෙම සංවිධානය අතහිත දී ඇති බවය.

" Elements of the Muslim Brotherhood, the Islamist Group whose ideology has inspired terrorists such as Osama Bin Ladon, are in the united states and have supported terrorism here and overseas."

FBI Director Robert Mueller
(2011 Feb. 10)

ඊජිප්තු ජනාධිපති මුබාරක් මහතා එම රටින් පලවා හැරිම පිටුපසද මොවුන් සිටි බව ප්‍රසිද්ධ කාරණයකි. කටාර් දේශයේ මොවුන්ගේ ක්‍රියාකාරිත්වය ඉහලයාම නිසා අරාබිකරයේද යම් යම් භේද භින්නවීම් ඇති වීමට තුඩු දිය හැකි බව මාධ්‍ය වේදියෙකු වූ අහමඩ් අසීම් (Ahmed Azem) මහතා 2012 මැයි මස 18 වෙනි දින අරාබි එමීර් රාජ්‍යයේ පලවන ද නැෂනල් (The National) පුවත් පතින් පෙන්වා දුන්නේය. තවද එම මහතාද පෙන්වා දී ඇත්තේ මාධ්‍ය රැකවරණයද (උදව් කිරීම) , දේශපාලනික පුහුණුවීම් ද , මුදල් ලබාදීම් හා අල්ජසිරා නාලිකාවෙන් හිටපු ප්‍රධාන කළමණාකාරයෙකු වූ වාදා කහන්ෆර් (Waddah Khanfar) තවද "අමාන්" කාර්‍යාලයේ යාසර් අබු හිලෙයිලා (Yasar Abu Hillaleh), හා ඊජිප්තුවේ රූපවාහිණි සේවයේ අහමද් මන්සූර් (Ahamd Mansur) ද නොයෙක් ආකාරයෙන් මුස්ලිම් සහෝදරත්ව සංවිධානයට උදව් කරන බවය.

එක්සත් අරාබි එමීර් රාජ්‍යයේ පොලිස් පුවත් වලින් හෙලි වන තවත් කරුණක් වන්නේ අරාබි දේශයත් පවතින රාජ්‍යත් එහි දැනට සිටින රජවරුන් දිගු කාලීන ආක්‍රමණයකින් විසි කොට දැමීමට ක්‍රියාකරන මුස්ලිම් සහෝදරත්ව සංවිධානයත්, ඉරානයත්, සිරියාවත් ගැන අවධානයෙන් සිටිය යුතු බවය. මේ වන විටත් එක්සත් අරාබි එමීර් රාජ්‍යයේ පොලිස්පති තුමන් විසින් අත්අඩංගුවට ගෙන ඇති අවුරුදු 20 පමණ වෛද්‍යවරුන් හා ඉංජිනේරුවන් වශයෙන් රැකියා කළ නමුදු එම රටේ සංවේදී ආරක්ෂක තොරතුරු එකතු කළ 11 දෙනෙකු අත්අඩංගුවට ගෙන ඇත. මොවුන් සියල්ලන්ම මුස්ලිම් සහෝදරත්ව සංවිධානයට අයත් අය වශයෙන් හඳුනාගෙන ඇත. මීට අමතරව එම සහෝදරත්ව සංවිධානයේම කාන්තා ශාඛාවට අයත් පිරිසක්ද අත්අඩංගුවට ගෙන පරීක්ෂණ කරගෙන යයි. මෑතකදී එනම 2012 සැප්තැම්බර් මාසයේදී "අල් ඉස්ලා" (Al Islah) ව්‍යාපාරයට (මොවුන් ඉස්ලාම් සහෝදරත්ව සංවිධානයට සම්බන්ධ බව පැවසේ.) සම්බන්ධ 60 දෙනෙකු අත්අඩංගුවට ගෙන ඇත. මොවුන්ගේ ප්‍රබලම ක්‍රියාකාරිත්වය වන්නේ හමුදාවෙන් අස් වූ හෝ විශ්‍රාම ලත් පුද්ගලයන් හා තරුණයන් බඳවා ගැනීමට කටයුතු කිරීමයි. එක් සිද්ධියකදී අසල්වැසි රාජ්‍යයකින් ඩිරහම් මිලියන 10 ක් මොවුන් විසින් එකතු කොට ඇත.

රට බිඳවැට්ටීමේ ව්‍යාපාරයට සම්බන්ධ පුද්ගලයන් පාපොච්චාරණය සිදුකරන විට පවසා ඇත්තේ "අරාබි වසන්තකරුවන්" (Arab Spring) හරහා ඉතා වේගයෙන් ඔවුන්ගේ වැඩසටහන දියත් කිරීමට සැලැස්වෙන බවයි. අරාබිකරයේ සිටම ඉස්ලාමීය රාජ්‍යයක් තැනීමේ පුදුම අවශ්‍යතාවයක් ඇති මෙම මිනිසුන් එම රටවල් වලටම නිකරුනේ මරණ තර්ජන ගෙන ඒමට තැත් කරයි.

ජාත්‍යන්තර ත්‍රස්තවාදී සංවිධාන වල සංකේත හා ලාංඡන කිහිපයක් පහතින් දැක්වේ. උපුටා ගැනීම ඒ. ඩී. එල් . ඔආර්ජී වෙතිනි.

යහපත් මිනිසුන් ත්‍රස්තවාදියෙකු බවට පෙරළා මරාගෙන මැරෙන තරමේ වෛරී සහගත සිතුවිලි ඇති කිරීමට සමත් සංවිධාන ලෝකයේ කොපමණ ඇත්ද?. ඉන්දියාවේද මෙවන් ක්‍රියාකාරී සංවිධාන ඇත. ඩොක්ටර් සකීර් නයික් හරහාද ඉස්ලාමීය අන්තවාදය පතුරවන බව පැවසේ. පසුගිය වකවානු වලදී අපරට තුල සිටින මුස්ලිම් තරුණයන් වැඩියෙන්ම නැරඹීමට යොමු වූයේ ඉහත කී පුද්ගලයාගේ වීඩියෝ දර්ශණය. ඉන්දියාවේ සමහර ප්‍රාන්ත කරා එහා මෙහා යාම මොහුට තහනම් කර ඇති අතර අරාබිකරයේ ඇති සමහර රටවල්ද මොහුගේ ගමන් බිමන් සම්පූර්ණයෙන්ම නවත්වා ඇත. තවද බ්‍රිතානයට ඇතුල්වීම නවතා ඇත. මොහු "පීස් ටිවි" (Peace Tv) රූපවාහිණිය තුලින් ඔහුගේ පණිවිඩය නිතර ගෙන යයි. මොහුගේ කතා බහ ත්‍රස්තවාදයට ආලෝකයක් ලබාදීමට (දිරිදීමට හා වර්ණනා කිරීමට) හා වෙනත් පුද්ගලයන් අපරාධ කරා යොමු කිරීමට සමත් බවත් 2010 ජූනි මස බ්‍රිතාන්‍ය විසන් ඇති කළ තහනම නිසා කැනඩාවද එයම අනුගමනය කරන බව පෙන්වාදී තිබේ.මොහුගේ සටන් පාඨ අතර "Every Muslim should be terrorist " සෑම මුස්ලිම් වැසියෙකුම ත්‍රස්තවාදියෙකු විය යුතුය යැයි යන්නත් ඉස්ලාමය අතහැර යන්නන්ට මරණ දඬුවම දියයුතු බවත් යන අදහස දරයි. යුදෙව්වන් සදාකාලික සතුරන් බවත් හඳුන්වා දෙයි. ඒකදේව වාදය, බහු දේව වාදය හා බුදු දහමේ සමහර

තැන් හී සඳහන් දෙවියන් ගැන මත විවේචනය කරන ඔහු පවසන්නේ සර්ව බලධාරී දෙවියා සියළුම දේ පාලනය කරන බවයි. මීට අමතරව ඔහු විශේෂයෙන් පවසන්නේ "මෛත්‍රී බුදුරජාණන් වහන්සේ යනු මොහොම්මත් නබිතුමා බවය." මන්ද බුද්ධික මත ප්‍රචාරය කරමින් ඔහුගේ අනුගාමිකයන්ද රවට්ටමින් බෞද්ධයන් මුලා කිරීමට දැගලීම කට හැකර කමකි. තැන් තැන් හී තම මිත්‍යා මතයම වපුරන මොහු ගැන කල්පනා කරන විට මතකයට එන්නේ ධම්ම පදයේ නිරය වර්ගයට අයත් ගාථාවකි.

"අවජ්ජේ වජ්ජමතිනෝ - වජ්ජේ චාවජ්ජදස්සිනො
මිච්ඡාදිට්ඨිසමාදානා - සත්තා ගච්ඡන්ති දුග්ගතිං"

ඇතැම් සත්ත්වයෝ නිවැරදි දේ වැරදි යැයිද
වැරදි දෙය නිවැරදි යැයිද දකිමින් (මෙසේ) මිසදුටු ගෙන අපායටම යත්

Avajje vajjamatino - vajje cavajjadassino
Micchaditthisamadana - satta gacchanti duggatim

Niraya Vagga - Woeful Stat, Dhammapadhaya

සෑම සංවිධානයකම පිටුපස ඇත්තේ දේව වාදී අදහස් දරන ආගමිය විටෙක බටහිරට ලැදි ආගම් ප්‍රමුඛස්ථානය දරණ අතර වරෙක අරාබියට ලැදි ආගමික මත ප්‍රමුඛස්ථානයක් දරයි. කිනම් ක්‍රමයකින් හෝ අවසානයේ මිය යන්නේ පෙර පිං බලයෙන් මෙලොව උපත ලද මිනිසුන්ය. බුද්ධිමතුන්, විද්වතුන් එකතු වී මෙම ආගමික උන්මන්තකයින් පසු බැස්සවීමට කටයුතු කළ යුතුය. ඉස්ලාම් සහෝදරයන් යන සංකල්පය ඔස්සේ කටයුතු කරන සංවිධාන අපරට තුල ඇත්නම් ඒවා ගැන රජයෙන් සොයා බැලිය යුතුය. (අධීක්ෂණයට ලක් කළ යුතුය.) දැනට "මුහුණු පොතේහි" (Face Book) 100ක පමණ පිරිසක් "The Muslim Brothers Sri Lanka" ශ්‍රී ලංකා මුස්ලිම් සහෝදරයන් යන සංවිධානය ගොඩනගා ගෙන යයි. මේවාට සම්බන්ධ වන්නේ කවුරුන්දැයි නොදනිමි.

දැනට කල්ලියක් විසින් භාවිතා කරන ලාංඡනයක්

ඉදිරියේදී එන්.ජී.ඕ සංවිධාන නාමයන් ඔස්සේ අප රට තුලද විවිධ අන්තවාදී සංවිධාන පැලපදියන් වියහැක. අන්තවාදී ඉස්ලාමීය සංවිධාන ඔස්සේ අරාබිකරයට දැනට ගහන හෙණය ඒ ආකාරයෙන්ම අප රට තුලට වද්දා ගැනීමට කටයුතු නොකරමු. විවිධ ලාංඡන උදේසා තම දිවියම පරදුවට තබා කටයුතු කිරීමට දගලන, නලියන පිරිස් වෙත බෞද්ධ අප දෑස් හැර බලා සිටිය යුතුය. විවිධ ගණයේ විශේෂ ඉල්ලීම් ඔස්සේ, විවිධ සංවිධාන හරහා නැගෙන ආගමික කල්ලිවාදයට පිළිතුරු කලින් සෙවීමටද ඒවා මැඩ පැවැත්වීමට කටයුතු කිරීමට තරම් සිංහල අප සැමදා බුද්ධිමත් විය යුතුය.

රාජ්‍ය නොවන ජාතික ආගමික ආයතන (Non - Governmental National Religious Institution) ගැන හා ඔවුන්ගේ දෛනික ක්‍රියාකාරිත්වය දෙස පරීක්‍ෂාවෙන් සිටින්න.

පැතිරියන අන්තවාදී ඉස්ලාමීය ගිණිසිළුව නිවීමට වෙර නොදරන අරාබි රාජ්‍යයන් අනාගතයේදී එම ගිණිසිළුවෙන්ම වැනසේද?. පිරිසක් තම ප්‍රජාව හා වෙළඳ ව්‍යාපාර වැඩිකර ගැනීමෙන් නිතරංගයෙන් රටවල් ඩැහැගැනීමට වෙර දරන අතර තවත් පිරිසක් ගිණි අවියෙන්, දේශපාලනයෙන්, බෝම්බයෙන් හා තම අභිමතයෙන් රටවල් අල්ලා ගැනීමට උත්සහ ගනී. අපි මේ සැවෝම පිටු දකිමු.

මුහුණු පොතෙහි සහ අන්තර් ජාලයේ සැරිසරන පරෙවි සාමකුරුල්ලා

මේ දිනවල සුදු පරවි සංකේතය මුහුණු පොතෙහි (ෆේස් බුක්) පිටු පුරාවට දර්ශනය කිරීමට යම්කිසි කණ්ඩායමක් උත්සහ ගනිමින් සිටියි. මෙම පරෙවියා සිංහල බෞද්ධ විරෝධී ආකල්ප දරන අතර එම ආකල්ප මුහුණු පොත වෙබ් තිරය ආශ්‍රයෙන් ප්‍රචාරය කිරීමට එහේ මෙහේ පියාසර කරමින් සිටියි. මෙසේ පියාසර කරන මේ සුදු පරෙවියා විශේෂයෙන් ලැගුම් ගන්නා ස්ථානයක් නොමැති අතර (හිමිකරුවෙකු සඳහන් නොමැති ලිපි ප්‍රචාරය කරයි.) බැලූ බැල්මට කරන එකම රාජකාරිය වන්නේ සිංහල බෞද්ධ ආකල්ප මත තම හිතුමතේට තැනක් නොතැනක් නොබලා තම තිරිසන් ගතියම ගෙනහැර පා ඉගිලයමින් සිටියදීම පැහැරීමේ කාර්‍යයයි. සිංහල බෞද්ධයන් වන අපහට මෙම අසික්කිත ක්‍රියාව තව දුරටත් බලා සිටිය නොහැකි අතර සිංහල බෞද්ධයාගේ හිස මත තම අසූචි පහරන මෙම පරෙවි වෙස් ගත් පරයන් (සතුරන්)ගැන සමාජය දැනුවත් කිරීමට මෙම ලිපිය ලියා තබන්නෙමු.

පරෙවි පුවත් වල පලවෙන කරුණු:

- බුදු දහමට අපහාස කිරීම
- සිහළ බොදු නායකයන්ගේ චරිත ඝාතනය කිරීම.
- බෞද්ධ භික්ෂූන් වහන්සේලාට අපහාස කිරීම.
- සත්‍යය හෙළිවීම තුලින් පුස්සක් ,බොරුවක්, හෙළුවක්, හිතලුවක් බවට පත්වන අන් ආගමික සාස්තෘවරුන්ගේ චරිත ආරක්‍ෂා කිරීම.
- ජාතීන් අතර සමගිය පෙන්නුම් කරන පින්තූර ප්‍රදර්ශනය කොට එමගින් උපක්‍රමිකව සිංහල ජාතිය සතුවන දේශය සියලුම ජාතීන්ට එක හා සමානව අයිති යැයි කීම. (ලොව වෙනත් කිසිදු රටක මෙවැනි ආකාරයේ ආකල්පයන් නැත.)
- සිංහල ජාතික සංවිධාන ජාතිවාදී සංවිධාන වශයෙන් හුවා දැක්වීම.
- වෙඩි තබා ගැනීම්, ස්ත්‍රී දූෂණ, මංකොල්ලකෑම් හා දේශපාලකයන්ගේ හැසිරීම හා පුද්ගලික චරිත මුළු සිංහල බෞද්ධ සංකල්පයම බිඳ වැටීම සඳහා ප්‍රචාරක ආයුධයක් වශයෙන් භාවිතා කිරීම.
- විද්‍යාව දියුණු වීමත් සමග මෙලොවින් නැති භංගස්තාන වන දේව වාදී ආගම් නැවත වර්ධනය කර පෝෂණය කර රැක බලාගැනීමට 'සත්‍යයේ සටහන බුද්ධියේ විමසුමට' යන සටන් පාඨ භාවිතා කිරීම හා එමගින් ජාතික හා ආගමික ව්‍යසනයන් ගැන අත්දැකීම් අඩු තරුණ තරුණියන් රවට්ටවාගෙන තම ජාතියටම තම ආගමටම විරුද්ධව විරෝධ ආකල්ප දැරීමට නම්වා ගැනීම.
- නීති විරෝධීව ඉදිවෙන ආගමික ස්ථාන හා එමගින් ඉදිරියේදී ඇතිවන බරපතල සමාජ ව්‍යසනයන් යටි ගන්නවා (දේව ආගම වලට අනුව සතා,සිවුපා, ගහකොළ අවසානයේ මිනිසා ද දේවියාට යටය.) එම ආගමික ස්ථාන ඉදිවීම සාධාරණී කරණය කිරීම.

- අප සිංහල සමාජයම ආකල්ප වලට වඩා විජාතික සමාජයම ආකල්ප වලට වැඩි තැන දී ලිපි සකස් කිරීම.

- අප ඉතිහාසය සඳහන් වන මහාවංශය වැනි කෘතීන් විකෘති කතාවක් පමණක් ය යන්නයි කියා හුවදක්වා එහි ඇති සිද්ධීන් හාස්‍ය ආකාරයෙන් හුවා දැක්වීම.

- බෞද්ධ සිද්ධස්ථාන හෝ ඒ අවට සිදුවෙන සිදුවීම් වෙනත් ස්වරූපයකින් ගොඩ නංවා සාමජය වෙත ප්‍රචාරය කිරීම.

- රට, දැය,සාමය ආරක්‍ෂා කිරීමට ඉදිරිපත් වන සිංහල බෞද්ධ තරුණ තරුණියන්ට එරෙහිව අසික්කිත මඩ ප්‍රචාර දියත් කිරීම.

- සර්වාගමික බෞද්ධ වන්දනාවක් හඳුන්වා දීම. (මෙය සර්වාගමික සංකල්පය දියවී යනවිට එය ආරක්‍ෂා කිරීමට අලුතෙන් ගොඩ නැගූ සංකල්පයකි.)

  උදාහරණ: පූජකයන්ද වෙසක් උත්සවයක් පැවැත්වීම. මුස්ලිම්වරු පෝය දිනයන්හි සාම පණිවිඩ යැවීම. මෙම උපාය මාර්ගයේ යටි අරමුණ වන්නේ අනවසර පල්ලි කෝවිල් ස්ථාපනය කරගැනීමට හා බුදුන් වහන්සේට සමාන තත්වයක් අනෙකුත් ශාස්තෘවරුන්ටද ලබාගැනීම.

- ජාතිය, ආගම රැක ගැනීමට ගන්නා සියලු උත්සහයන් ජාතිවාදී ක්‍රියා ලෙස හංවඩු ගැසීම.(දේශපාලකයන් වර්තමානයේ මෙම ක්‍රමය අනුගමනය කරති.)

- ආගම අදහන්නා වූ හෝ විශ්වාස කරන්නාවූ පිරිස් කරන වැරදි ක්‍රියා හුදෙක් බුදු දහම නිසාම සිදුවෙන බව ඒත්තු ගැන්වීමට උත්සහ කිරීම.

- වෙඩි තබා ගැනීම, ස්ත්‍රී දූෂණ, මංකොල්ලකෑම්, අල්ලස් හා දූෂණ හා නොයෙකුත් සමාජ සිදුවීම් ගැන ජනනය කරන පත්‍රිකා, පෝස්ටර් සෑදීමේදී හිතා මතාම බුදුහිමිරුව බෞද්ධ සංකේත පසු බිමට යොදා ගැනීම.

- බෞද්ධ ශාසනය හා සිංහලයන්ගේ පිරිහීමට සෘජුව වග කිවයුත්තේ ත්‍රෛනිකායික මහා නායක හිමිවරුන් සහ ගිහි බෞද්ධ නායක කාරකාදීන් බව හුවා දැක්වීම, රාජ්‍යය නායකයින්ට අපහාස උපහාස කිරීම.

- රටේ ඒකීය සංකල්පය බිඳ වැටීමට අනෙකුත් ජාතීන් සියුම්ව උසිගැන්වීම හා ජාතිවාදය පැතිරීම.

උතුරේ යුද්ධය පැවති කාලයේදී ද නොයෙකුත් පරෙවියෝ අපරට තුල සාමය ගැන (පරයන් ගැන) තතු කියා කියා එහේ මෙහේ සැරි සැරුවේය. නමුත් රටට ඉන් ඇතිවුන සෙතක් නොමැති විය. අප යුද්ධයෙන් ම යුද්ධය ජයගත්තේය. අප විසින් සතුරු ගුල් මර්මස්ථාන වලට පහර දුන්නේ සොයා සොයා ගොස්ය. වර්ථමානයේ සිංහල මාධ්‍යවේදීන් හට කල හැකි එක් කාරණයක් වන්නේ යහපත් බෞද්ධ වපසරියක් අප රට තුල ගොඩ නගා ගැනීමට අවශ්‍ය ලිපි ලේඛණ, පොත් වැඩි වැඩි වශයෙන් ලියා තබා තරුණ, තරුණියන් අතට ඒවා පත්කිරීමයි. බුද්ධියෙන් සන්නද්ධ වූ විට සිහළ හිස මත තම අසූචි පහරන බොල් සුදු පරෙවියන් ඒකාන්තයෙන්ම හඳුනාගැනීමට අප බොදු දූ පුතුන්හට හැකිවන බැවින් ඔවුන් මේ පරෙවි ගුල්වලට ඇද (උගුල්) නොවැටී තම ජාතිය හා ආගම බුදු දහම අනාගතයේදීද රැකගැනීමට කටයුතු කිරීම නොවනුමානයි.

සිහළ විමසුම මැයෙන් පළවුනු ග්‍රන්ථය කියවීමෙන් යම්කිසි පුද්ගලයෙක් අපහසුතාවයකට පත්වුයේ නම් ඒ ගැන මා සමාව අයදින අතර ඔබ අප කවුරුත් දැනගත යුත්තේ අපරට තුල ඇති වී තිබෙන දේශපාලනික, සංස්කෘතික, ආගමික, ජාතික ප්‍රශ්ණ රාශියකට මුල් වී ඇත්තේ දේව වාදයේ ගිණි සිළුව බවයි.

අද අප ජීවත් වන්නේ තාක්ෂණික අතින් දියුණු වූ ලෝවකය. එසේම විද්‍යාවේ දෑත වෙනත් ග්‍රහලෝක කරා වුවද දිගු කිරීමට තරම් ප්‍රභල මිනිස් බුද්ධියක් සහිත මානවයන් අප ලොව තුල බිහි වී තිබේ. නමුත් ප්‍රාථමික ඝණයේ ආගම් (ආත්මය ගලවගන්නා මගවල්) වියරුවෙන් ලොව පුරා ව්‍යාප්ත කිරීමට වෙර දැරීම, දැගලීම අකටයුක්තකි, අනුවණකමකි. එසේම ලොව පවතින විවිධ භාෂා, සංස්කෘතින් හා ජාතින් ලොවෙන් තුරන් කර හැරීමට විවිධ කූඨ උපක්‍රම යෙදීමද නොවටිනා කාරණයකි. අප යහපත් සංස්කෘතින් දහම් රැකදී මිනිසත්කම සදා රැක ගත යුතුය.

එවන් සත්කාර්‍යයකට අතහිත දීමට හා සත්‍ය අසත්‍ය අතර වෙනස හඳුනා ගැනීමට කතෘ වන මා මෙම ග්‍රන්ථය සකස් කොට ඇත. පාඨක ඔබටත් තමාට හැකි අයුරින් දේශපාලනික, ජාතික, ආගමික, සංස්කෘතික පුහු මතිමතාන්තර වලට යට නොවී සත්‍ය අසත්‍ය අතර වෙනස හඳුනාගෙන උතුම් මිනිසත්කම රැකගැනීමට වෙර දරන මෙන් ඉල්ලා සිටිමි.

කර්තෘ

සත්ත්ව හිංසනයෙන් වැළකෙමු

දහසක් බුදුන් බුදුවන මේ පාන්දර
අෂ්ඨ සමාපත්ති ඵල වැඩෙනා උදෑසන
බුදු හිමි නැවත ලක්බිම වෙත වඩින්නට
මේ කරුමයකි අප හට මේ උදාවුන...//

කුම්භ කරණ මළනුව නුඹ කොහි සිටිදෝ
රාවණා නුඹේ ලොකු අයියා අද නැතිදෝ
බිලි බලි දෙන බමුණු සේනා නැසුමටම
යමු මලවුනේ හනිකට ඒ ගිනිමැදට...//

බවුන් වඩන විට රාවණා කුමරු සොදින්
ඇසුනා සතුනගේ ශබ්දය මර ලතොනිනි
කුම්භ කරන මා පෙම්බර මළනුවනි
කිම මේ සත්ව ඝාතන මේ ලක්බිමෙහි...//

යාග හෝම වේද තන්ත්‍ර ගිනි බමුණා
තොප්පි පොට්ටු ලෝගු දමා සතු මැරුවා
වෘෂභ කටක මීන කුම්භ ග්‍රහ දරුවෝ
සතුන මරන බමුණාට ආයුෂ ඇයිදෝ...//

රාවණා බල නොදුටු හෙළ දරුවෝ
මහ භාරතය කියවා මා හට දොස් නැගුවෝ
සිහලුනි අපේ තේජස ඇති හෙළ දරුවෝ
සැමදා සියලු ලෝ සත හට මෙත් වඩුවෝ

කවදත් අනගි රාවණා අප හෙළ දරුවෝ
සැමදා සියලු ලෝ සත හට මෙත් වඩුවෝ
කවදත් අනගි රාවණා අප හෙළ දරුවෝ
සැමදා සියලු ලෝ සත හට මෙත් වඩුවෝ...

සංකල්පනාව හා පද රචනය
පාලිත ආරියරත්න හා සුමිත් අරඹේපොල

බෞද්ධ පරිසරය හා සංහැදියාව වනසන බලවේග වලට එරෙහිව උපයෝගි කරගත හැකි සිංහල මන්විදු

01. සිංහලයන් අවධි කිරීම.

02. පක්ෂ භේද නොබලා රැස්වීම් පැවැත්වීම.

03. පිරිත් සජ්ජායනය කිරීම.

04. වදුරු ලෙඩ පැමිණි කලෙක මෙන් බලි ඇරීම.

05. පොල් ගැසීම.

06. යකුන් මෙහෙයවීම.

07. පුරාණයේ පටන් පන්සල් වල රැස්වී තිබෙන විශ්ව ශක්ති මෙහෙය වීම.

08. විවිධ රහස් හා ගුප්ත ක්‍රම භාවිතා කිරීම.

09. සත්‍යක් ක්‍රියා හා උපවාස සිදු කිරීම.

10. සිහළ සටන් ක්‍රම සෑම සිංහල බොදුනුවෙකුට පුහුණු කිරීම.

11. කළුවර අඳුන භාවිතයෙන් රහස් සෙවීම.

12. දාන ශීල භාවනා කරන වැඩිහිටි අයද ප්‍රඥා වීර්‍යය, අධිෂ්ඨානය යන පාරමිතා පුරණ එඩිතර සිහළ බොදුනුවන් රට දැය සමයට වෙන උවදුරු සම්බන්ධයෙන් දැනුවත් කොට තැබීම.

13. කාලම් පිබීම.

14 දහ අට සන්නිය නැටීම.

15. ජොතිශ්‍ය විද්‍යානුකූලව යන්ත්‍ර මන්ත්‍ර නැකත් සකසා රාවණ හොරාවෙන් වැඩ පටන් ගැනීම.

ඉහත මන්විදු ක්‍රම උපයෝග කරගතහොත් රටට ජාතියට තිබෙන
සතුරු උවදුරු, බාධක, සියළු දෝෂ විද්ධ්වංසනය වී යනවා ඒකාන්තය

ආශ්‍රිත ග්‍රන්ථ මූලාශ්‍ර හා වෙබ් අඩවි

ප්‍රාථමික මූලාශ්‍රඃ-

ඉතිහාසය 1994- 1995 එස් හේවා කපුගේ, එල් සෙනවිරත්න, එස්. ධර්මරත්න පේරාදෙණිය විශ්ව විද්‍යාල ඉතිහාස සංගමය.

සමූල ඝාතකයා - කීර්ති වර්ණකුලසූරිය

වත්මන් බෙදුම්වාදී ප්‍රවණතාවයන්ට සාපේක්‍ෂ මනෝවිද්‍යා මෙහෙයුම් ලුතිනර් කර්නල් විජේයසුන්දර මුදලිගේ අශෝක අලස්.

The Inside Story of the mission to kill Osama Bil Laden - seel target (Geronimo Chuck Pfarrer)

Growing up Bil Laden - Osamas Wife & Sun take us inside their secret world (Jesan Sasson)

The Vaticans Holocaust by Auro Manhattan

Hitlor's Priests - Published by the united Holocaust memorial museum

Planing The demise of Buddhism - (Paul Hattway)

අනෙකුත් මූලාශ්‍රඃ-

ගූගල් වෙබ් අඩවිය

විකිපීඩියා වෙබ් අඩවිය

ශ්‍රී ලංකා රාජ්‍යය ආරක්‍ෂක අමාත්‍යංශය නිළ වෙබ් අඩවිය

පකිස්ථානු රාජ්‍යය ආරක්‍ෂක අමාත්‍යංශය නිළ වෙබ් අඩවිය

දිවයින පුවත්පත

දම්සර පුවත්පත

එක්සත් අරාබි එමීර් රාජ්‍යයේ නැෂනල් පුවත්පත

හින්දු ටයිම්ස් පුවත්පත

www.ingramcontent.com/pod-product-compliance
Lightning Source LLC
Chambersburg PA
CBHW060521280326
41933CB00014B/3055
* 9 7 8 9 5 5 5 0 6 8 3 3 8 *